A notre
Soeur. à l'o
de ton 60e anniversai
Sincèrement
Carmen & Cécile
29-10-93

VIVRE DEBOUT

DU MÊME AUTEUR

chez le même éditeur

Au nom de tous les miens, 1971
Le livre de la vie, 1973
Les forces de la vie, 1975
La vie renaîtra de la nuit, 1977
Le nouveau livre, 1980
J'écris aux hommes de demain, 1983
La maison humaine, 1984
Entre la haine et l'amour, 1990

MARTIN GRAY

VIVRE DEBOUT

Comment faire face
dans un monde en crise

Les droits d'auteur de Martin Gray
sont versés à l'Arche du Futur
qu'il a créée pour aider les jeunes
à préparer leur avenir.

ISBN 2-221-07723-7

AVANT-PROPOS

Une arche d'espérance

Cette semaine-là, vous avez dû, comme moi, regarder le journal télévisé et lire les journaux avec un sentiment d'effroi et d'incrédulité.

Sur l'écran, vous avez dû voir les trois petites silhouettes filmées dans un supermarché anglais par des caméras de surveillance.

Deux gamins, d'une dizaine d'années, en entraînaient un autre, tout petit, qui devait avoir deux ou trois ans, en le tenant chacun par une main.

On distinguait bien les mouvements de ces enfants, le petit qui traînait les pieds, qui résistait, et les deux autres, comme deux grands frères, qui le tiraient, un peu brutalement...

En sortant du supermarché, ils ont parcouru les rues de leur ville industrielle et pauvre, aux petites maisons soignées mais tristes, avec des terrains vagues tout alentour.

Les trois enfants ont avancé dans les rues, et des passants se sont retournés, certains même se sont arrêtés car le petit se débattait entre les deux plus grands. Mais ce n'était, imaginaient les passants, qu'une querelle entre enfants, comme il en arrive à chaque instant.

Si vous aviez croisé, dans les rues de votre ville, trois jeunes enfants qui se disputaient, seriez-vous intervenus ? Peut-être votre regard ne se serait-il même pas immobilisé sur une scène si banale, si anodine.

Vous le savez, les journalistes l'ont répété, les deux enfants avaient kidnappé le plus petit, que sa mère avait quitté des yeux pour quelques secondes.

Ils l'ont entraîné, hors de la ville, sur une voie ferrée. Et là, après l'avoir torturé, ils l'ont tué. Ils avaient à peine plus de dix ans, et la victime, moins de trois ans.

Quand les deux assassins – ce mot, il faut l'employer, mais rappelez-vous : à peine plus de dix ans, des enfants-assassins donc – ont été conduits après leur arrestation devant le juge, la voiture de police dans laquelle on les avait installés a été prise à partie par la foule qui tentait de s'approcher, de frapper sur la carrosserie, et réclamait la mort pour les deux enfants-assassins, et l'on sentait, à regarder les images, que la foule voulait une mort immédiate pour exercer son droit de vengeance, appliquer la loi de Lynch. Et se débarrasser ainsi, en tuant les enfants-assassins, de toutes les questions que leur acte pose.

Vous le pensez comme moi, à la mesure même de l'émotion que vous avez éprouvée en prenant connaissance de ce fait divers, les interrogations que pose l'acte des enfants-assassins vont au cœur de notre civilisation.

Nous sommes à moins d'une décennie de l'an 2000. La Grande-Bretagne est l'un des plus vieux pays civilisés du monde, et l'Europe l'une des zones les moins pauvres, les moins barbares de notre planète. Et voilà ce qui peut s'y dérouler en cette fin de XXe siècle.

Pourquoi ? Qu'y a-t-il dans l'âme de ces enfants-assassins ?

Que leur a-t-il manqué, pour qu'ils accomplissent ce crime sur plus faible qu'eux, sur un enfant comme eux ?

Que signifie cette « destruction » de l'autre, du frère, de soi-même.

Est-ce le MAL, le malin comme on disait au Moyen Âge, la part diabolique de l'homme, qui est au travail dans ces enfants ? Mais alors pourquoi, s'il en est ainsi, le MAL a-t-il gagné la partie contre le BIEN ?

Quelles défenses ont cédé ? Quelles valeurs ont fait défaut qui auraient pu interdire que ces enfants ne basculent ainsi ?

Est-ce la peur du châtiment qui a disparu, laissant la liberté devenir perverse, criminelle, ou est-ce l'amour qui a manqué à ces deux enfants-assassins, dont les familles étaient désunies ?

Ou bien n'est-ce pas notre civilisation elle-même – avec ses tolérances, ses impuissances, son chômage, sa perte des valeurs stables – qui est en cause, même si la responsabilité individuelle ne doit jamais être effacée ?

Ce crime est-il l'acte extrême qui exprime un comportement répandu : plus rien n'est respecté, tout devient possible ?

J'écris : « tout devient possible », et je me souviens de l'avoir tant de fois déjà pensé. Oh, non pas maintenant, mais il y a plus de cinquante ans, quand j'assistais, au cœur du ghetto de Varsovie, à des scènes dont l'horreur atteignait – et dépassait – celle que je viens d'évoquer. « Tout est possible », avais-je l'habitude de penser. Tout est possible dans l'horreur.

Mais tout est possible également dans la lutte contre la barbarie. Voilà des années que je m'emploie à le montrer. Mes actions, mes livres – les lettres qui chaque jour me parviennent par dizaines en témoignent – sont autant de dalles, posées les unes près des autres, pour tracer une voie.

Mais ce chemin, c'est à chacun de nous de l'emprunter par lui-même. Personne ne peut penser, parler, agir *pour* l'autre. Mais on doit penser, parler, agir *avec* l'autre. Et ces trois verbes d'action – penser, parler, agir –, j'ai toujours voulu les conjuguer ensemble. Parce que s'ils sont séparés les uns des autres, chacun devient infirme.

Qu'est-ce qu'une pensée repliée sur elle-même, qui ne se parle pas, qui n'agit pas ?

Un monologue stérile ou égoïste.

Qu'est-ce qu'une parole qui n'est pas pensée et qui n'est pas action ?

Du bavardage sonore, une gesticulation bien vite ridicule.

Qu'est-ce qu'une action qui n'est pas d'abord méditée, qui n'est pas expliquée aux autres ?

Une violence, une agitation chaotique et dangereuse souvent.

J'ai donc écrit, parlé, agi, et ce depuis plus de vingt ans, depuis que, en 1970, dans l'incendie du Tanneron, ma famille ayant disparu, j'ai voulu, *Au nom de tous les miens* [1], m'engager aux côtés des hommes, avec mon expérience, mes cicatrices, mes souffrances et mon espérance, pour empêcher que la barbarie ne l'emporte à nouveau, comme elle l'avait fait dans les années trente de ce siècle.

Or, plus que jamais, il faut penser, parler, agir, si nous ne voulons voir notre grande aventure de civilisation s'enfoncer encore une fois dans un océan de douleurs et de crimes.

Vous avez vu, comme je l'ai vu, ce couple de jeunes gens – à peine vingt ans –, abattu par des tireurs isolés, alors qu'ils tentaient de fuir Sarajevo.

Vous avez vu, comme je l'ai vu, ces enfants tués, blessés par les éclats d'obus, dans cette guerre folle qui ensanglante l'Europe.

Vous avez vu ces files de réfugiés, avec dans leurs yeux le désespoir et l'incompréhension.

Qu'avaient-ils fait pour mériter cela ?

Rien. Ils étaient innocents et pourtant la foudre est

---

1. Le titre de mon premier livre, aux Éditions Robert Laffont et au Livre de poche.

tombée sur eux, et ils ont tout perdu, et leurs proches souvent sont morts.

Voulons-nous d'un tel futur ?

C'est de chacun de nous que cela dépend, il faut que chacun sache qui il est, ce qu'il veut, comment il doit agir, comment il peut apprendre à penser, comment il peut trouver le moyen de parler aux autres. Et d'abord, bien sûr, ceux qui, dans le XXIe siècle, seront les actifs, ceux qui sont jeunes aujourd'hui, ces générations nouvelles auxquelles il faut transmettre le témoin, et qui choisiront leur route, leur rythme, leurs valeurs, leurs espoirs. Peut-être parce que j'ai des enfants jeunes – ils auront vingt ans à peine en l'an 2000, et le dernier n'aura pas dix ans –, je me sens le devoir de leur tendre ce témoin, afin qu'ils prennent le relais. Non pour faire ce que j'ai fait. Mais dans l'espoir surtout qu'ils n'auront pas à connaître ce que j'ai subi, ce que j'ai enduré et souffert.

C'est pour cela que j'ai fondé l'Arche du Futur [1], afin que ces jeunes des nouvelles générations puissent se rencontrer, apprendre les uns des autres, communiquer, faire connaître leurs besoins.

Nous sommes à un carrefour périlleux de l'histoire de notre civilisation.

Nous ne le franchirons que si *chacun de nous*,

1. Voir en annexe.

comme un sportif avant le saut, trouve ses marques, réfléchit au nombre de foulées qu'il doit accomplir avant de s'élancer, à l'endroit où il doit planter sa perche pour s'élever et passer la barre sans la déséquilibrer, sans retomber en arrière.

Pour cela, il faut que chacun de nous ait des repères précis.

C'est le sens de ce livre.

Un livre de réflexion né de l'expérience personnelle, de ce que j'ai affronté, et aussi du contact avec ces milliers de personnes qui, tout au long de ma vie, m'ont fait part de leur propre aventure humaine, et m'ont aidé.

Ce livre est une sorte de guide, qui n'impose rien, mais veut inciter chacun à s'aider lui-même.

Je veux répondre à cette question que chacun de nous se pose : COMMENT FAIRE FACE DANS UN MONDE EN CRISE ?

Nous voyons autour de nous des amis, des parents, des jeunes surtout, en proie au doute, au désespoir parfois.

Nous savons – les faits divers sont là pour nous le rappeler – que certains oublient les principes les plus élémentaires d'humanité, qu'ils ne reconnaissent plus aucune règle, et qu'ils cèdent à toutes les tentations.

Celles de l'autodestruction : drogue, suicide.

Celles de la destruction de l'autre : agression, violence, haine, racisme.

L'on voit des adolescents mettre le feu à des maisons où dorment des familles qui sont l'objet d'une haine aveugle.

C'est comme si, de plus en plus nombreux, étaient ceux qui, étranglés par notre monde en crise, réagissaient comme des animaux enragés.

Que chacun de ceux qui tiendront ce livre entre leurs mains, le lise à sa manière.

Et si, après l'avoir lu, il se sent enrichi et davantage prêt pour affronter notre monde en crise, alors qu'il le donne à lire à un autre. Car si chacun d'entre nous sait comment *Vivre debout*, alors se renforcera l'Espérance.

Martin Gray
Juin 1993.

Comme si tu étais l'un de mes proches

À ce point du livre, je veux te parler comme si tu étais l'un de mes proches. Je te tutoie comme un fils, un frère ou un ami.

Je ne vais rien te cacher de ce que je pense.

Je vais te faire part du seul trésor que j'ai accumulé, et qui est mon expérience et ma réflexion.

J'ai mis plus de cinquante années pour rassembler ainsi, réussite après échec, tragédie après espoir, cahot après cahot, enthousiasme après déception, ces idées et ces mots, que je vais te livrer. Pour toi, ils pourront être plomb vil et terne ou au contraire or utile, moyen d'avancer, moyen de te redresser. Ce ne sera pas grâce à moi si cela se produit, mais d'abord par *ta propre force*.

Ce livre, mes phrases, seront *ton point d'appui*. À toi de peser sur le levier, à toi de faire l'effort pour que ce que j'ai vécu et que j'écris ici t'appartienne en propre.

Pense à l'abeille. Elle va de fleur en fleur, elle butine, elle revient chez elle, elle fait son miel.

J'ai agi de même durant un demi-siècle. Mon miel, c'est ce que je communique ici, mais c'est toi qui va, en l'assimilant, par un effort de ta volonté, par ton choix, le transformer en ta richesse personnelle.

Peut-être, maintenant, comprends-tu qui je suis : un intermédiaire, un « passeur » comme il en est pour traverser certains fleuves.

Fais la traversée en ma compagnie, puis, la rive atteinte, va ta route.

Je te regarderai, et j'aimerais que tu marches bien droit, d'un pas assuré, homme ou femme de l'Espérance.

PREMIÈRE PARTIE

Rien ne sert de posséder un arc et des flèches si on ne sait comment placer son corps

Un homme silencieux

C'était un homme silencieux. Dans les réunions que nous tenions pour définir les objectifs de l'Arche du Futur, il restait en retrait, attentif. Son regard m'avait frappé. Ses yeux noirs, un peu tristes, suivaient le mouvement des mains ou du visage de ceux qui parlaient. Lui, pour qu'il s'exprime, il fallait l'interroger.

Il avait la peau foncée, les cheveux légèrement ondulés et je me suis longtemps demandé s'il était tsigane ou bien s'il appartenait à un peuple d'Asie... Thaïlandais, Indochinois ?

Lorsqu'il parlait – très rarement –, il employait des phrases courtes, mais il n'avait aucun accent, au contraire, et son français était parfait, bien meilleur que le mien.

Qui était-il ?

Son nom était celui d'une vieille famille française.

Un soir, il s'est attardé, après le départ des autres membres de notre conseil. Voulait-il se confier ? Il hésitait. Je lui ai demandé de faire quelques pas avec moi dans mon parc.

Il avait plu mais, le vent s'étant levé, le ciel était clair et la terre respirait : elle sentait bon, et je me souvenais de ces longues marches dans la campagne et la forêt polonaises, au temps de l'horreur, quand le spectacle du ciel et de la nature seul me donnait un peu de réconfort.

J'ai dit : « Ce parfum de la campagne, cette voûte d'étoiles, cet infini, toute cette beauté d'un bout à l'autre du monde, quand j'étais poursuivi, quand on tuait partout, en Pologne, en Europe, c'était ma consolation. »

Il marchait près de moi, la tête baissée et, au bout de quelques instants, comme s'il devait faire un effort pour se confier, il m'a dit qu'il connaissait bien la Pologne, qu'il était peut-être né là-bas, dans la région de Varsovie.

Je me suis arrêté, n'osant l'interroger, mais le regardant longuement. Lui, Polonais ? « Ça vous étonne, n'est-ce pas ? » me dit-il.

Et alors, longuement, il a commencé à me raconter sa vie.

Il avait grandi après la guerre dans un orphelinat. Il ne savait rien de ses parents. Était-il né de l'amour imposé par un soldat venu des steppes russes, à une Polonaise ? Était-il un tsigane, comme je me l'étais demandé ? Il savait seulement que dans cet orphelinat, parfois, une femme qui lui semblait immense le châtiait quand il désobéissait en le battant avec un long fouet de cuir. Il avait fui. On l'avait repris, enfermé, battu à nouveau, presque chaque jour. Il devait avoir alors sept ou huit ans, mais tout cela était gravé en lui. Et il avait fallu qu'il vive avec ces souvenirs.

Un jour, un couple de Français était arrivé à l'orphelinat, passant entre les rangées d'enfants alignés. « Ils sont passés plusieurs fois et, chaque fois, je ne sais pas pourquoi, ils tentaient d'éviter mon regard, et moi je les fixais, je les fixais, avec toute ma force, sans savoir vraiment ce que j'attendais. »

Finalement, ce couple s'était arrêté devant lui et la femme, timidement, avait demandé à Laurent, par l'intermédiaire d'une interprète, s'il acceptait de les suivre à Paris, de porter leur nom. Ils lui serviraient de parents, de papa et de maman. « Je n'avais pas de nom, a-t-il dit. C'est eux qui m'ont donné le mien. »

Nous avons continué de marcher dans le parc. Cet homme, qui avait été jusque-là silencieux, s'est confié durant plus d'une heure. Il m'a raconté comment, en quelques minutes, il avait changé de monde, installé à l'arrière d'une voiture, avec des gens qu'il ne connaissait pas, qui s'exprimaient dans une langue qu'il ne comprenait pas.

Mais le plus difficile avait été, une fois arrivé à Paris et inscrit dans une classe, *d'accepter ce qu'il était*, un enfant adopté qui devait, comme un bébé, apprendre une langue.

Il était d'ailleurs tombé malade, replié sur lui-même, incapable de parler, ayant même oublié le polonais, dans une sorte d'état d'hébétude, restant prostré dans un coin de sa chambre avec, lui a-t-on raconté car il avait oublié ces jours-là, un comportement de bébé, faisant ses besoins sur lui, suçant son pouce, marmonnant, pleurnichant, hurlant quand on essayait de le toucher.

Puis, par quel cheminement en lui, il ne le savait pas, il ne le comprenait pas, il s'était comporté à nouveau comme un petit garçon d'une dizaine d'années et, curieusement, il avait en quelques semaines commencé à comprendre le français, puis à le parler.

Il n'avait jamais pu appeler ses parents adoptifs papa et maman, se contentant de les désigner par leur prénom, Gérard et Monique, mais, par bribes, il s'était mis à leur raconter tout ce qu'il savait sur son passé, s'efforçant de remonter toujours plus avant dans sa vie.

Un jour, à l'école, on l'avait insulté, traité d'étranger, on lui avait dit qu'il avait volé son nom, sa nationalité, qu'il n'était rien. Et il n'était pas rentré chez lui, marchant dans Paris toute la nuit, se couchant dans une encoignure de porte, non pour dormir, « je voulais penser, m'a-t-il dit, savoir qui j'étais, faire l'effort de me connaître, moi-même, être moi, en somme. »

Et le matin, il était rentré chez lui, retrouvant ses parents adoptifs, affolés, désemparés, n'osant pas le questionner.

– Je leur ai dit simplement : « J'ai eu besoin de me retrouver seul, avec moi, pour comprendre. Maintenant, ça va. »

– Vous parlez peu, lui ai-je dit.

Il a souri.

– J'écoute. Mais, surtout, je veux entendre ce qu'il y a en moi. Il y a trop de personnes tout entières tournées vers l'extérieur d'elles-mêmes, comme des poches retournées, plus rien ne reste de ce qu'elles sont.

Il avait « fouillé ses poches ». Il savait ce qu'elles contenaient, et il voulait ne pas se « vider », être lui-même.

– Il me semble, m'a-t-il dit, que c'est parce que je me suis accepté tel que je suis que je peux comprendre les autres. Agir comme il le faut, avec droiture. Voilà.

Nous nous sommes serré la main. J'aimais ce collaborateur dévoué à sa tâche.

Puis, il a quitté l'Arche du Futur pour s'installer en Pologne, cédant au besoin de revenir sur le lieu même de ses origines mystérieuses. Je sais qu'il ne se passe pas de jour sans qu'il téléphone à ses parents adoptifs. Il leur rend visite deux ou trois fois par an.

C'est une vie douloureuse, puis maîtrisée. Une histoire simple pour illustrer ce que j'ai écrit : « Rien ne sert de posséder un arc et des flèches si on ne sait comment placer son corps. »

1

Accepte-toi pour ce que tu es

ACCEPTE-TOI pour ce que tu es ; AIME-TOI tel que tu te sens, au fond de toi, c'est-à-dire dans la meilleure partie de toi-même, celle que tu n'arrives pas à exprimer, celle que les autres, trop souvent, te semblent ignorer, celle que tu caches par timidité ou parce que tu crois nécessaire de te comporter comme les autres, pensant que c'est ainsi qu'ils t'accepteront, qu'ils t'aimeront ou t'aideront.

ACCEPTE-TOI.

Ce n'est pas aussi facile que tu le crois.

Interroge-toi : es-tu satisfait de tes origines ? Ne sens-tu jamais plus ou moins clairement un regret ou une amertume ? Celui-ci que tu côtoies, n'aurais-tu aimé avoir ses racines, disposer des moyens que lui offre sa famille, son milieu, maîtriser comme lui les mots qu'il a reçus en héritage ?

Peut-être portes-tu une blessure plus profonde encore.

Ce corps qui est ton apparence, la couleur de ta

peau, tes cheveux, ta taille, tout ce par quoi d'abord on te connaît, ils ne te satisfont pas.

Bien sûr, tu ne t'en rends pas toujours compte, mais tu aimerais être plus blond, plus brun ou plus grand, plus fort ; tu voudrais parfois avoir plus d'aisance dans tes gestes, dans ta manière de marcher. Tu te sens emprunté. Tu ne sais comment dominer ton apparence et tu ressens cela, ce don qu'est ta vie, comme une injustice.

Parfois, tu envies les talents de l'autre. On le loue, on le félicite, on le promeut. Et tu penses : je ne dispose pas de ceci ou de cela.

On l'a fait lion, on m'a fait agneau.

On l'a fait souverain, on m'a fait sujet.

Si tu estimes cela, alors tu es pour toi-même une gêne, un obstacle.

Tu traînes ta personne comme un boulet.

Comment veux-tu dans ces conditions aller loin, haut, vite ?

ACCEPTE-TOI.

Tes origines, tu dois en être fier. Elles sont *uniques,* car toute vie, toute famille est unique.

Le cadre de ton enfance vaut, si tu sais le regarder avec intelligence et sensibilité, tous les autres.

Revendique tes origines, accepte-les comme ta force première et ta singularité.

Ce qui fait notre force, en effet, c'est avant tout de savoir que l'on est, parmi la foule immense des hommes, *un être unique.* C'est l'un des grands mystères de la vie : dans la multitude qu'est l'humanité, chacun demeure différent des autres. Chacun a une âme – une origine, une histoire – singulière.

Cette singularité, tu ne peux l'exprimer que si tu as su la reconnaître, si tu t'es accepté, si tu n'as pas cherché à devenir la copie des autres, en dissimulant ce que tu es.

Les origines les plus modestes ont leur beauté parce qu'elles ont une histoire qui n'appartient qu'à elles.

Si tu arrives à exprimer cette identité, alors tu seras fort de cette différence qui n'appartient qu'à toi.

Cela vaut aussi pour l'apparence.

Tu vois parfois des êtres dont, à les détailler, en isolant telle ou telle partie de leur visage ou de leur corps, tu penses qu'ils n'ont rien pour attirer, pour séduire.

Et puis les voici au contraire qui exercent une vraie fascination. On ne dit pas qu'ils sont beaux, mais les détails ingrats que tu avais remarqués disparaissent, se fondent, dans le mouvement de l'être. On se retourne sur leurs pas, car ils ont ce qu'on appelle une *personnalité*. Ils ont réussi à dégager en eux-mêmes la part singulière, personnelle, de leur être.

Sont-ils beaux, laids ?

La question pour eux ne se pose pas : *ils sont.*

Leur être, ils l'ont assumé, revendiqué.

Ils se sont acceptés.

Et c'est pour cela qu'ils existent vraiment, qu'on ne peut les comparer à personne d'autre. Ils sont ce qu'ils sont. Voilà le chemin que tu dois prendre.

ACCEPTE-TOI.

Si tu ne t'acceptes pas, tu iras dans la vie comme si tu portais un masque et une tunique collant à ton visage et à ta peau, dissimulant ton être. Tu seras, même si tu ne t'en rends pas compte, étouffé par ces déguisements.

Comment pourrais-tu te sentir libre, comment serais-tu capable d'inventer, de réagir avec vivacité, de te sentir réellement à l'aise alors que, à chacun de tes gestes, à chacune de tes phrases, il y aurait conflit entre ce que tu es et le refus de l'accepter ?

Certes, tu pourrais donner le change. Et tu pourrais même croire que tu es devenu cet autre que toi. Tu aurais maquillé tes origines, travesti ton apparence, dissimulé ta personnalité, et ainsi tu imaginerais avoir triomphé de toi.

Folie ! Car une telle victoire serait en réalité ta défaite.

Pauvre vie que celle de l'homme qui s'est ainsi nié. Car au bout du refus de ce que l'on est, il ne peut y avoir que le malaise, le sentiment qu'on a trahi ce que l'on a reçu, son être, son âme, sa mémoire, sa vie.

Et quand le fossé est trop grand entre le masque et ce que l'on est vraiment, on va vers l'autodestruction.

Celui qui ne s'est pas accepté veut *tuer* une certaine image qu'il a de lui-même, sans se rendre compte que c'est lui tout entier qu'il détruit ainsi.

Si tu ne t'acceptes pas, au terme du voyage – et celui-ci peut être bref – tu trouveras le malheur.

ACCEPTE-TOI, ne te nie pas, ne récuse pas ce que tu es. DEVIENS PLUTÔT CE QUE TU ES.

2

Fais l'effort de te connaître toi-même

QUI ES-TU ? Tu ne t'es peut-être jamais posé cette question. Tu as un nom, un prénom, une famille. Et cela te suffit.

Quand tu as un choix à faire, tu te laisses aller souvent à une réaction instinctive, spontanée, sans te rendre compte que tu imites des comportements observés autour de toi, ou sur les écrans de télévision.

Tu répètes. Et donc tu ne crées pas. Tu n'inventes pas, tu ne cherches pas à exprimer ta personnalité.

Pour réellement exprimer ce que tu es, encore faudrait-il que tu saches qui tu es.

Comment pourrais-tu, si tu ne te connaissais pas, agir, choisir avec efficacité ?

CONNAIS-TOI TOI-MÊME.

Il faut, avant de parvenir à cette connaissance, savoir que le chemin est difficile qui mène à la transparence de ton être.

Entre ton âme et toi, il y a un rideau opaque, et, souvent, ce n'est qu'après de longues années, quand tu as déjà dû affronter des obstacles et faire face à l'adversité, ayant pu observer comment tu répondais à ces situations, que tu es capable de progresser vers la connaissance de ce que tu es.

Mais peux-tu attendre que ta vie soit passée pour te connaître ?

S'il en était ainsi, tu serais comme ces joueurs maladroits qui recommencent sans fin leur partie sans jamais gagner.

FAIS L'EFFORT DE TE CONNAÎTRE À CHAQUE INSTANT.

Comment t'y prendre ?

Une situation se présente. Tu y fais face. Le plus souvent, poussé par tes habitudes, influencé par les circonstances ou par les conseils. L'essentiel, si tu es au début de ta vie, c'est, une fois l'action engagée, souvent dans une sorte d'aveuglement, de mouvement qui emporte ton être et se fait sans même que tu aies à réfléchir, que tu prennes le temps de repenser – de revivre – ce que tu viens d'accomplir.

IL FAUT, POUR TE CONNAÎTRE TOI-MÊME, ESSAYER SANS TRÊVE D'ANALYSER LES RAISONS DE TON COMPORTEMENT.

Pourquoi, par exemple, as-tu laissé la colère t'entraîner ?

Pourquoi as-tu choisi cette voie-là plutôt qu'une autre ?

Pour te connaître, tu dois fouiller en toi-même, débusquer les mobiles de tes actes ou de tes paroles.

Ce temps de la réflexion, prends l'habitude de te l'accorder, car il est essentiel.

Il faut que tu saches ce que tu dois à *l'imitation*.

Et, pour cela, que tu te souviennes de tes origines.

Souvent, nous passons notre vie à répéter, sans en avoir conscience, ce que nos parents ont fait avant nous. Comme si, en même temps que la vie, ils nous avaient légué leur manière de vivre, leurs forces, mais aussi leurs faiblesses.

Grande est leur influence : ils ont été ceux qui ont modelé nos premières réactions. Ils ont été la voix qui nous a appris à parler, le regard qui nous a guidés, la main qui nous a soutenus alors que nous découvrions le monde, la vie.

Pour nous connaître, nous comprendre, il faut que nous sachions qui ils étaient, quel héritage ils nous ont légué, ce qui, dans nos actions, vient de la répétition presque mécanique qui s'est gravée en nous dans l'enfance, et qui est leur marque.

Si nous ne réagissions pas, nous serions comme des paralytiques portés sur les épaules par des aveugles, et là où ceux-ci nous conduisent nous ne pourrions qu'aller.

Il faut donc que nous comprenions, et c'est difficile, ce que furent nos origines : que nous séparions dans ce qui nous a été donné par l'enfance – par nos parents d'abord – ce qui était force, élan, énergie, don de richesse et d'enthousiasme et ce qui, au contraire, était frein, aveuglement, désespérance, aigreur et pessimisme. Dans tout être, il y a ainsi le croisement de ce qui réchauffe et de ce qui glace.

Si tu fais ce travail, tu mesureras combien, souvent, le côté sombre de la vie de tes parents pèse sur toi et tes comportements.

Il ne s'agit pas de les condamner, mais de comprendre, pour ne pas te laisser entraîner là où ils ont pu tomber.

Car eux-mêmes, peut-être, n'avaient pas conscience de devoir s'accepter, se connaître, pour devenir eux-mêmes et se libérer des modèles des générations antérieures.

Il y a ainsi, et tu en as sûrement rencontré, des familles qui semblent se transmettre une malédiction. Elle passe, des grands-parents aux parents, et de ceux-ci aux fils puis aux petits-fils. Il ne s'agit pas d'une maladie du corps, mais d'une maladie du comportement ou de l'âme.

Tel échoue dans son mariage et le divorce vient briser la famille. Les enfants à leur tour reproduisent cet échec et parfois l'amplifient. Et les enfants de ces enfants s'engagent eux aussi dans ce marécage, comme s'ils ne pouvaient faire autrement. Et dès lors qu'ils n'ont pas fait l'effort pour se connaître, pour comprendre les conditions dans lesquelles ils ont appris la vie, ils sont, en effet, condamnés à cette imitation des actes de leurs ascendants.

Ce n'est pas seulement par défaut d'amour familial que tant d'enfants de couples divorcés ont une vie chaotique, difficile, semée souvent d'échecs et parfois conduisant à l'autodestruction – par la drogue par exemple. C'est parce qu'ils amplifient un échec, qu'ils l'expriment, qu'ils le répètent avec une intensité et une violence d'autant plus grandes qu'il s'est gravé en eux, douloureusement, dans leur première enfance.

Si tu veux te connaître, explore la zone de tes douleurs enfantines.

Beaucoup de tes actes spontanés viennent de ce noyau d'origine, comme si toute ta vie y était déjà contenue. Ton existence entière pourrait – si tu n'y prenais garde – se passer à déployer, à répéter, à nier ce qui s'est noué en toi ces premières années-là.

TE CONNAÎTRE, C'EST SAVOIR LE POURQUOI DE TES ACTES. Et le pourquoi de tes actes, il est inscrit, presque toujours, dans la relation que tu as – ou que tu as eue – avec ceux qui t'ont donné la vie et t'ont appris les premiers gestes dans l'existence.

TU DOIS COMPRENDRE LA RELATION QUI TE LIE À TON ENFANCE.

Quel regard portes-tu sur elle ? Sur tes parents ?

Cela ne doit pas t'empêcher d'aimer, mais te conduire au contraire à aimer cette enfance et les tiens, d'une autre manière, plus apaisée, plus calme, plus profonde.

Ne suffit-il pas de dire « je les aime » ?, « ils m'aiment » ? L'amour entre parents et enfants n'est-il pas le seul horizon ?

Oui, l'amour est le lien principal, mais il faut savoir que les sentiments sont complexes, que derrière la façade de l'amour se cache souvent une relation plus ambiguë.

Le fils, comment *aime-t-il* son père ?

La fille, comment *aime-t-elle* sa mère ?

Et le fils, sa mère ? La fille, son père ?

C'est sans doute là, dans cette pelote de liens, noués dès la naissance, dans ce labyrinthe des sentiments, que résident notre secret personnel, notre force et notre faiblesse.

ACCEPTE-TOI, cela veut dire CONNAIS-TOI. Et cela signifie que TU DOIS CONNAÎTRE CEUX QUI T'ONT DONNÉ LA VIE.

Ton père, au-delà de l'amour que tu lui portes et des liens qui vous unissent, comment le comprends-tu ?

Essaie de voir cet homme comme un homme, et non pas seulement comme celui qui t'a donné la vie, un homme faible et fort, contradictoire, et peut-être aveugle sur ce qu'il est, ayant peut-être refusé toute sa vie de s'accepter.

Comprends-le, parce que cela te permettra de te comprendre et de ne pas l'imiter, cela te permettra d'atteindre à ta personnalité, à ton être singulier, celui qui te poussera à te révéler, à créer.

Si tu as vu cet homme tel qu'il est, alors tu sauras si tu as avec lui des relations de rivalité, et elles sont souvent inéluctables.

Tu sauras si, malgré l'amour que tu lui portes – amour que vous n'avez peut-être jamais osé exprimer entre vous – tu lui en veux. Peut-être même éprouves-tu, sans le savoir, du mépris pour lui, cela s'est vu souvent.

Tu aurais peut-être souhaité qu'il soit différent, plus fort, que sa réussite soit plus éclatante, t'apporte sécurité et orgueil.

Tu ressens ses échecs comme une blessure personnelle.

Tu lui en veux de cela, et parfois durement. Mais c'est toi que tu attaques en t'en prenant à lui. Vous êtes de la même chair. TU DOIS ACCEPTER LES TIENS TELS QU'ILS SONT, les comprendre, non pour les excuser, parce qu'ils sont parfois inexcusables, mais ce sont les tiens, et tu leur dois la COMPASSION et, s'il le faut, le pardon.

Si tu as regardé ton enfance, si tu as compris, accepté, aimé sans aveuglement, tu pourras te connaître, éviter ainsi de répéter ce que les tiens ont fait, et échapper à cette « malédiction » qui est l'imitation ou bien la charge de sentiments obscurs.

Si tu n'essaies pas de comprendre, alors tu seras un jour comme l'aveugle de l'antique légende.

Tu croiras éviter les pièges, tu t'enfuiras, refusant d'accepter ce que tu es et, à la croisée de deux chemins, tu commettras l'acte que tu voulais éviter.

Je te parle ici de la légende d'Œdipe. C'est l'une des plus riches de sens. Elle dit tout du secret de nos comportements et de nos craintes.

Quand Laïos, roi de Thèbes, apprend par un oracle que le fils qu'il a eu de son épouse Jocaste, Œdipe, le tuera un jour, il l'abandonne, l'expose afin qu'il meure. Quand celui-ci, que l'on a recueilli, apprendra qu'il est destiné à tuer son père, il s'enfuira pour éviter d'accomplir cet acte. Mais, par hasard, rencontrant un homme, il le tue, à la croisée de deux chemins. Et c'est Laïos, son propre père, qu'il tue. Toujours ignorant, il épousera sa mère Jocaste. Et, apprenant ce qu'il a fait, il s'aveuglera.

C'est le malheur de l'homme qui fuit, de l'homme qui refuse d'affronter de face ce qu'il est et ce que sont les siens, et aussi les menaces, que la légende évoque.

Nous sommes tous tentés de nous comporter comme Œdipe. D'éloigner de nous celui que nous craignons, et de nous enfuir pour éviter la vérité.

Mais cela ne fait que rendre plus tragique encore notre destin.

ACCEPTE-TOI, CONNAIS-TOI EN COMPRENANT LES TIENS, il n'y a pas d'autre voie.

3

Sois toi-même

Si tu t'acceptes, si tu as exploré tes origines, refusé le mensonge et l'imitation, si tu n'avances pas grimé, alors, tu peux entendre ce que je te dis : SOIS TOI-MÊME.

Il ne devrait pas exister d'autre façon d'être. Penses-y : pas un homme ne peut s'identifier à un autre homme. Chacun d'entre nous est une personnalité unique. C'est là notre richesse et c'est là ce que nous devons exprimer.

Or, tout s'efforce en nous et hors de nous à nous banaliser, à nous normaliser.

Nous avons peur d'être nous-mêmes, d'affirmer notre singularité. Nous ne savons pas – ou ne voulons pas savoir – que là se trouve le gisement de notre force. Et, parce que toute société tend à effacer les différences, à réduire les hommes et les femmes à des rouages, nous devenons des numéros de série. Nous avons par groupe d'âge les mêmes habitudes, nous consommons les mêmes produits, nous croyons choisir alors que nous sommes simplement conduits où l'on veut nous diriger.

Toute société, si les individus ne lui résistent pas, tend à devenir totalitaire.

Il y a des totalitarismes qui sourient et dont on ne mesure pas la force de pression, insidieuse plutôt que brutale.

Il faut, pour être soi-même, résister à cette pression, ne pas se laisser aller au fil du courant des habitudes et des modes, et choisir de créer sa propre mode, sa propre pensée, plutôt que d'être un semblable parmi les autres.

Il le faut en ces temps de fin de siècle, car cette liberté individuelle non seulement est menacée par notre manque de courage, par la normalisation qu'imposent les mécanismes sociaux, mais aussi par ce que les savants, parfois sans réflexion, commencent à faire.

As-tu pensé à ce que signifie la révolution génétique ? La science est en état de faire naître des êtres fécondés hors de l'abri charnel d'une femme. As-tu pensé à cette possibilité qui existe déjà de sélectionner les êtres à venir, de choisir ceux que l'on veut voir vivre et ceux que l'on décide de faire mourir ?

Quelle limite morale à cela ?

Que signifiera la liberté de la personne, le « sois toi-même » si, par une intervention avant la naissance, d'autres auront décidé qui va naître ? Détectant les qualités et les défauts de tel embryon et donc écartant celui-ci ou celui-là en fonction des besoins de la société, ou des désirs des « clients » qui auront passé commande de tel ou tel enfant, nanti de telle ou telle qualité.

Je fais confiance au désir profond qu'a l'homme d'être lui-même pour que ces êtres « produits » ainsi, sur ordre, et afin de se montrer conformes à certains besoins, échappent finalement aux mains de leurs créateurs.

Ainsi le « sois toi-même » est-il une exigence de liberté et de vérité, encore plus grande aujourd'hui.

Mais pourquoi être soi-même ?

Par orgueil, pour se différencier des autres, par vanité même, par souci discutable de s'affirmer, pour exercer un pouvoir, éprouver un plaisir à se sentir unique et donc à s'imaginer supérieur ?

Ce ne sont pas là les bonnes raisons même si, peut-être, certaines d'entre elles nous poussent, en effet, à exprimer notre personnalité.

ÊTRE SOI-MÊME, en fait, EST D'ABORD UN DEVOIR, UNE MANIÈRE DE RENDRE HOMMAGE AU DON QU'EST LA VIE.

Comment ? Tu portes en toi une telle source de richesse et tu accepterais de ne pas la faire jaillir ?

Mais où serait, dès lors, le sens de la vie, de ta vie ?

SOIS TOI-MÊME, pour affirmer ta dignité d'homme ou de femme.

C'est en devenant toi-même que tu seras capable aussi d'exprimer le meilleur, l'unique, et donc d'être, au sens noble du mot, *original*.

Ainsi, tu apporteras ta part à l'ensemble des hommes.

Imagine la force de six milliards d'humains si chacun d'eux déployait l'énergie que les quelques grands créateurs que nous connaissons – savants, artistes... – mettent en œuvre pour découvrir, inventer, créer ?

Chaque vie devrait, à l'image de celles-ci, être un chef-d'œuvre.

D'une certaine manière, on en était plus proche autrefois qu'aujourd'hui, quand chaque homme et chaque femme, même les plus modestes, avaient un rapport personnel, singulier, avec la matière, avec notre monde.

Songe au paysan qui faisait une bouture, aux connaissances que devaient posséder l'artisan, le forgeron ou le tailleur de pierres. Songe au savoir du boulanger et à celui de l'orfèvre.

Aujourd'hui, une fois l'invention réalisée et la création investie dans une machine, l'ouvrier n'est plus que le reproducteur de gestes mécaniques et, naturellement, un jour vient où ces gestes qui n'impliquent aucune liberté, aucune création, aucune invention ni même savoir-faire, peuvent être exécutés par une autre machine, laissant place à des gestes moins nombreux encore, plus limités encore.

Et les hommes et les femmes sont chassés du travail où ne demeurent plus que des machines-robots, quelques ingénieurs chargés d'entretenir les machines et, bien sûr, les inventeurs chargés d'en concevoir d'autres qui limiteront encore les postes de travail.

Être soi-même, dans ces conditions, est devenu encore plus difficile, et cependant plus nécessaire.

Dans les circonstances présentes, seul celui qui est lui-même avec talent, avec invention, qui est capable de tirer parti de sa source intérieure, qui s'est enrichi par la connaissance, peut rivaliser avec la machine.

Si l'on ne veut pas que l'humanité soit composée d'une foule de « robots humains » rivés à des tâches sans intérêt, et de quelques maîtres du savoir et de la puissance, il faut que l'exigence d'être soi-même soit forte et offre la ligne de résistance à la « mise en conformité » de tous les hommes.

Être soi-même peut signifier davantage encore.

ÊTRE SOI-MÊME, C'EST POUR LE CROYANT SE SOUVENIR DE L'EXIGENCE DE VÉRITÉ ET DE RESPECT QUE DIEU IMPOSE À L'HOMME.

Reconnaître la personnalité unique de l'homme et sa singularité, c'est accorder à la Création, c'est-à-dire à la créature qu'est l'homme dans son lien avec Dieu, son caractère sacré.

Le *tu ne tueras point*, qui fait du respect de l'homme et de la vie la clé de voûte de la foi religieuse, est une manière de dire « respecte en l'homme, Dieu. » Être soi-même, c'est montrer la volonté de faire surgir ce miracle et cette divinité qu'il y a dans la vie.

Affirmer qu'il faut être soi-même, c'est reconnaître à l'âme – et donc à la personne – son caractère sacré.

Ainsi le croyant *doit* être lui-même.

Celui qui ne trouve pas en la foi cette exigence de sincérité, cette nécessité intérieure de faire jaillir la source de son être, peut la trouver dans l'histoire même des hommes, dans le désir que chacun exprime sa richesse, et fasse ainsi croître la puissance de l'humanité, multipliée par le « génie » – c'est-à-dire la singularité – de chacun.

C'est donc une exigence à multiples facettes que celle d'être soi-même.

SOIS TOI-MÊME, PAR VOLONTÉ D'HONORER ET DE REMERCIER DIEU SI TU ES CROYANT.

SOIS TOI-MÊME, PAR VOLONTÉ D'AFFIRMER LA GRANDEUR DE L'HOMME SI TU NE CROIS QU'EN L'HOMME.

SOIS TOI-MÊME, PAR SOUCI ET DÉSIR DE LIBERTÉ.

SOIS TOI-MÊME, PARCE QUE C'EST AINSI QUE TU SERAS LE PLUS EFFICACE.

Sois toi-même, parce qu'il n'y a pas d'autre manière de CRÉER et de laisser une trace.

Être soi-même, tu ne dois pas l'ignorer, exige un effort, c'est une épreuve.

Tu dois te souvenir de Prométhée, ce titan de la légende grecque, qui se sacrifie pour permettre aux hommes d'être eux-mêmes.

« Seul j'ai eu cette audace, fait dire à Prométhée le poète Eschyle dans son *Prométhée enchaîné*, j'ai libéré les hommes et fait qu'ils ne sont pas descendus dans l'Hadès (l'enfer). Et c'est là pourquoi aujourd'hui je ploie sous de telles douleurs, cruelles à subir, pitoyables à voir. Pour avoir pris les mortels en pitié, je me suis vu refuser la pitié et voilà comme implacablement je suis ici traité, spectacle funeste au renom de Zeus (le Dieu des Dieux) [...] J'ai délivré les hommes de l'obsession de la mort. »

L'épreuve de Prométhée et la crucifixion du Christ nous racontent cette exigence de l'homme d'être lui-même, et en même temps le sacrifice que cela a exigé pour certains, martyrs afin de permettre aux hommes d'être eux-mêmes.

Cela doit te faire penser aussi à tes relations avec ceux qui t'ont donné la vie. Fiers que tu exprimes ton être singulier et, parfois, comme Zeus, voulant te châtier, te condamner d'avoir osé, ainsi, échapper à l'imitation.

SOIS TOI-MÊME car, à la fin des fins, c'est la seule manière que tu as d'être fidèle, et d'honorer les tiens.

SOIS TOI-MÊME, ainsi tu seras HOMME.

4

Respecte l'humain en toi

Homme ? HUMAIN, devrais-je dire, parce que je parle aussi bien à l'homme qu'à la femme, et parce que le mot humain a son contraire, et nous rappelle qu'il y a souvent de l'inhumain dans l'homme.

Construire et transmettre l'HUMAIN est la tâche la plus nécessaire et la plus difficile.

À chaque instant, l'HUMAIN peut s'effacer. Ne reste alors qu'une bête, la plus sauvage, la plus barbare. Elle a visage d'homme mais elle a oublié l'HUMAIN.

Tu le sais, j'ai connu cela, j'ai subi la loi de ceux que j'ai appelé, dès que j'ai appris à les connaître, « les animaux à visage d'homme ».

Aujourd'hui, encore et toujours, ils agissent, partout autour de nous. Ils torturent, ils violent, ils tuent, ils gouvernent des peuples entiers. Ils bombardent des villes, font exploser des immeubles, assassinent. Ils portent des uniformes ou au contraire se fondent dans la foule, terroristes anonymes qu'on prend pour des hommes et qui sèment la mort, animaux cruels et savants, plus perfides et plus efficaces que les pires carnassiers ou charognards, car ils ont l'intelligence et les moyens des hommes, sans humanité.

Ils tuent des enfants. Peu leur importe l'âge ou le sexe. Ils tuent pour tuer. Les bêtes tuent pour se nourrir dans une logique impitoyable, mais qui a ses raisons biologiques. Eux assassinent parce qu'ils haïssent l'Autre.

Ils haïssent ceux dont la couleur de peau, la religion ou les mœurs, la nationalité, la langue sont différents. Ils appellent cela « purifier » une ville, une région, une nation.

Ils sont les continuateurs de ceux qui ont, il y a un demi-siècle, gazé, brûlé, des millions d'humains.

Ces hommes-là, ces animaux à visage d'homme, ne respectent pas l'humain, ils ne respectent rien.

TU DOIS RESPECTER L'HUMAIN EN TOI, car c'est en toi que se construit la première digue contre l'inhumain, contre la barbarie.

RESPECTE-TOI.

Et pour cela, je te l'ai dit, il faut d'abord s'accepter, reconnaître et comprendre ses origines.

Il faut considérer qu'on a des devoirs envers soi, des obligations, et que la première, la plus forte, est de RESPECTER LA VIE QUI S'INCARNE DANS SON PROPRE CORPS.

Respecte-toi et donc, commence par respecter ton corps.

Ton corps, tu ne peux pas en user comme s'il n'était qu'un instrument, un moyen.

TON CORPS, C'EST LA FORME PRISE PAR TON ÂME.

Il ne s'agit pas là de beauté. Tu peux être difforme, ton corps aura toujours la dignité de la vie.

TON CORPS EST LE MONDE, EST LA VIE.

Si tu uses de ton corps comme s'il n'était qu'une matière, un objet, tu brises le sceau qui lie, en chaque homme, l'âme et le corps, et fait l'HUMAIN.

Les animaux à visage d'homme que j'ai connus avaient vidé leurs corps de toute parcelle d'âme. Ils étaient devenus de véritables armes, les instruments habiles, pervers, intelligents, diaboliques d'un pouvoir qui se servait d'eux comme il se servait de tanks, d'avions ou de gaz. Il n'y avait aucune différence entre un four crématoire et un animal à visage d'homme qui ordonnait qu'on jette dans les flammes les corps des suppliciés, des gazés.

Mais pour les animaux à visage d'homme, les victimes aussi n'étaient que des objets. Ils n'avaient pas respecté en eux-mêmes la vie faite d'âme et de chair, et ils agissaient de même à l'égard de leurs prisonniers.

SI TU NE RESPECTES PAS TON CORPS, TU NE RESPECTERAS PAS CELUI DES AUTRES. Et tu deviendras BARBARE.

Si tu ne respectes pas ton corps, tu risques aussi l'autodestruction.

Je pense à cette jeune fille, les veines bleues, percées à coups d'aiguille. Droguée. Qu'est-ce que son corps ? Le véhicule d'un poison, son sang, ses bras sont les instruments qui vont lui permettre d'échapper à la réalité, de se fuir, parce qu'elle ne peut s'accepter telle qu'elle est.

SI TU RESPECTES LA VIE, TU RESPECTERAS TON CORPS ET TU REFUSERAS DE LE LAISSER DÉTRUIRE PAR LE POISON DE LA DROGUE.

Celui qui détruit son corps de cette manière, que fait-il, sinon montrer qu'il méprise la vie, qu'il est donc du côté de la mort ?

Le plus souvent, c'est une victime, quelqu'un qui n'a pas réussi à tenir debout, que la crise du monde a jeté dans le désespoir.

On ne peut pas tout exiger de son corps.

Il faut, certes, le plier, le dénouer, le mettre au service parfois d'un but élevé, d'un projet qui exalte – je pense à ces hommes de l'exploit qui traversent l'Atlantique en solitaire, affrontent les vagues déferlantes des caps des antipodes, à ces alpinistes qui se lancent à l'assaut des falaises, *chez eux le corps est un projet de l'âme* – mais il faut éviter ce qui pour le corps peut représenter la mort.

Se respecter, c'est refuser la drogue.

SE RESPECTER, C'EST AUSSI SE PROTÉGER CONTRE LE SIDA, QUI MENACE SA VIE ET CELLE DES AUTRES.

Le corps par l'amour est source de plaisir.

Mais quel plaisir si, à terme, la maladie destructrice emporte la vie ? Si, en transmettant le virus du sida, on devient le bourreau des autres ?

L'épidémie de sida est un révélateur de la démesure de nos comportements, de la folie qu'il y a à séparer le corps de l'âme, de l'illusion qu'est la liberté sans projet.

Sans doute pouvons-nous nous protéger contre la

propagation du sida en prenant des précautions, mais qui ne voit que c'est bien le non respect de l'union du corps et de l'âme qui s'exprime par l'amour et la fidélité qui a favorisé et permis la diffusion du virus ?

RESPECTER L'HUMAIN, c'est RESPECTER EN SOI CE MIRACLE, cette fusion entre CHAIR ET CŒUR QU'EST L'HOMME.

Se respecter, c'est avoir une idée de soi, de la vie qu'on incarne et du sacré qu'elle représente, suffisamment claire pour s'interdire de dégrader cela : c'est-à-dire dégrader son corps, ce qui signifie toujours dégrader son âme.

Se respecter, c'est mesurer le sacré de la vie, respecter la vie dans les autres, et garder à l'homme son visage humain.

La crise du monde ne peut être résolue que si chaque homme, PAR LE RESPECT DE SOI, RESPECTE L'HUMAIN.

5

Prends garde à toi, résiste et maintiens

Tu sais l'essentiel, maintenant. Oui, déjà. Car il suffit de principes simples et clairs pour VIVRE DEBOUT.

Mais il faut de longues années – et certains, peut-être la plupart des hommes, n'y réussissent jamais – pour les découvrir, les appliquer, et, surtout, s'en pénétrer.

S'accepter. Se connaître. Être soi. Se respecter. Respecter le sacré de l'Humain, l'âme dans et par le corps, et le corps dans et par l'âme, voilà en effet les ressorts majeurs d'un destin humain, vécu DEBOUT, en Humain, et quelle que soit la gravité de la crise qu'il faut affronter.

Hier, la vie était encore « balisée ».

Les sociétés, même bouleversées par la guerre et la barbarie, tentaient de préserver des valeurs et des principes. On imaginait ce que serait l'avenir. Les jeunes qui entraient dans la vie avaient des repères que les adultes leur fournissaient.

Peut-être nombre de ces indications étaient-elles fausses, et ceux qui les suivaient se retrouvaient dans une impasse ? Mais les directions existaient et les cadres ainsi fournis aidaient à vivre.

Et puis, c'était un temps où le travail, parce que le monde était à reconstruire, existait en abondance.

Celui qui le voulait, trouvait sa place, pouvait, avec un peu d'acharnement, réussir à accumuler des biens, une voiture, un appartement... Il pouvait partir en vacances. Tout cela paraît élémentaire, mais la vie passait, donnant la sensation qu'on grimpait vers un sommet, qu'en haut il y avait en effet une cime accessible et, à chaque étape, un petit chalet pour accueillir ceux qui désiraient s'arrêter.

Cela a duré quelques décennies, jusqu'aux années quatre-vingts.

Puis le brouillard a enveloppé la montagne.

Faut-il tenter l'ascension ? Vers quel sommet ? Le sommet existe-t-il, même ? Où sont les guides qui donnaient les repères, montraient les sentiers qu'ils avaient eux-mêmes parcourus ?

Tout le paysage a été bouleversé.

On se persuade que demain – ce demain qui nous faisait rêver – sera pire qu'hier.

On n'imaginait pas la guerre en Europe. Elle dévaste des villes où se tenaient il y a une dizaine d'années les Jeux olympiques.

Cette angoisse, diffuse, touche d'autant plus que le travail n'est plus au rendez-vous : 30 millions de chômeurs en Europe. En France, un jeune de moins de vingt-cinq ans sur cinq est sans emploi.

Ce désarroi, cette peur, poussent certains, parmi

les jeunes précisément, vers la violence. Et l'on voit à nouveau des crânes rasés, des bras levés, des slogans répétés que l'on croyait disparus. La barbarie que j'ai connue va-t-elle revenir ? Peut-être de manière plus sombre encore ?

Parce que tout est possible, quand une époque succède à une autre – et nous sommes à ce moment-là – IL FAUT ÊTRE SUR SES GARDES.

PRENDS GARDE À TOI.

Cela ne signifie pas que tu doives te fermer aux autres, au monde qui nous entoure, à ces nouvelles manières de vivre qui font partie du mouvement naturel des hommes et des choses. Tout change. Le philosophe grec disait déjà qu'on ne se baigne jamais deux fois dans le même fleuve.

Mais tu dois résister à cette destruction des principes, à ce retour aux aveuglements du passé, interroger chaque événement qui se présente, chaque nouveau discours, à partir d'une EXIGENCE D'HUMANITÉ.

Prendre garde à soi, c'est prendre le temps d'examiner les choses, c'est tenir à distance, pour mieux distinguer. C'est ne pas se laisser entraîner là où il ne faut aller sous peine de renoncer à ce respect de soi sans lequel il n'y a pas d'humain.

Prends garde à toi.

Évite ceux qui transforment leur corps en cet instrument et ce moyen de plaisir, c'est-à-dire de destruction d'eux-mêmes et des autres.

Évite ceux qui voient dans la violence – et ce sont souvent les mêmes – la seule issue.

On ne m'écoute pas, dit l'un, alors je frappe d'abord, après l'on est bien contraint de m'écouter.

C'est en soi d'abord qu'il faut prendre garde à cette tentation de la brutalité, de la soumission aux aspects les plus barbares de la réalité.

Les valeurs sont ensevelies dans le sable des déceptions historiques.

On ne croit plus qu'il soit nécessaire de rien respecter. On navigue sans compas, au jour le jour. C'est cela la crise, et c'est le moment de prendre garde, de rester soi, d'affirmer des valeurs et des principes.

Ce ne sont pas seulement ces repères que l'on a perdus, ce sont aussi les comportements de raison et de respect de soi. À toi de les maintenir.

Prendre garde à soi, c'est conserver une DISCIPLINE.

À commencer par une discipline de l'apparence : refuser de négliger l'ASPECT DE SOI, la propreté, la rigueur dans la tenue. Ce ne sont pas là des détails.

Il faut pour cela de la volonté, un esprit de résistance, car l'époque est au laisser-aller, c'est comme si l'absence de repères, de principes, de valeurs, devait se refléter dans l'apparence.

À toi de maintenir, à toi de prendre garde, à ne pas te laisser gagner par la décomposition, la fin des valeurs et des principes essentiels à tout homme s'il veut être humain.

Car il n'y a pas, d'un côté, la liberté qui s'exprimerait par l'abandon de toute règle, et, de l'autre, l'oppression qui serait marquée par le respect des principes.

La liberté est au contraire faite de principes et de valeurs, et l'oppression, la barbarie, de l'abandon de toutes les règles.

Celui qui croit, parce qu'il adopte une tenue dépenaillée, qu'il est libre, montre tout simplement qu'il est soumis à une époque qui a abandonné toutes les règles.

Prends garde de ne pas tomber dans ces pièges : L'HUMAIN EST RIGUEUR, VOILÀ LA VÉRITÉ.

6

Garde l'espoir

Rigueur ? Le mot te fait peut-être peur. On dit : « les rigueurs de l'hiver », ou bien « les rigueurs de la loi ».

Ce sens existe en effet. Mais il en est un autre : exactitude, précision, logique, et c'est celui-là que je retiens d'abord. Et je n'oublie pas que l'humain a besoin d'une certaine raideur pour résister, d'une sévérité même parfois. On ne renforce pas ses muscles, on ne les exerce pas sans souffrance. Il en va de même avec les choses de l'âme.

Or, notre époque, privée de guides et de sentiers conduisant aux cimes, récuse l'effort. Elle a peur de la fatigue.

On voit bien sûr courir dans les parcs et les rues des hommes et des femmes soucieux de maintenir leur corps en exercice. C'est bien. Mais il faudrait la même endurance dans l'ordre moral.

GARDER L'ESPOIR EN TOI. Tel doit être ton but.

Ce peut être difficile parfois. Je pense à celui qui est frappé par le chômage, à celui qui se heurte aux refus comme une abeille contre la vitre, à celui qui est seul et malade. Je pense à celui qu'une catastrophe personnelle frappe, lui ou l'un de ses proches.

C'est dans ces situations de crise, pourtant, que l'ESPOIR EST LE PLUS NÉCESSAIRE.

Il faut alors s'attacher à accomplir les petits gestes quotidiens, les répéter avec obstination, comme s'ils étaient autant de coups de piolet donnés dans la glace pour avancer, centimètre après centimètre. Ils sont l'affirmation têtue que nous gardons l'espoir.

Petits gestes : soigner son apparence, maintenir le lieu où l'on vit dans un état de propreté, garder son corps en forme. Autant que cela se peut, se respecter, et ainsi affirmer que l'on continue d'avoir confiance en l'Humain.

GARDE L'ESPOIR EN T'OBLIGEANT À DES ACTES QUI AFFIRMENT LA CONTINUITÉ DE LA VIE, LE RESPECT QUE TU AS POUR SON CARACTÈRE SACRÉ.

Garder l'espoir dans un premier temps, c'est donc être capable de construire un réseau d'obligations, d'établir des horaires précis (pour la lecture, les courses, etc.) qui seront les tuteurs de la journée.

Autrefois, la société fournissait cela, cette discipline élémentaire qui servait de cadre, de point d'appui.

AUJOURD'HUI, IL FAUT ÊTRE CAPABLE DE SE DONNER, SEUL, SES REPÈRES. IL N'Y A PLUS DE GUIDE, TU DOIS DONC ÊTRE TON PROPRE GUIDE.

Et c'est pour cela que chaque détail compte. Une pensée qui ne s'appuie pas sur des actes ne peut être utile dans la vie quotidienne.

Je sais qu'il faut rêver et méditer, je le dirai à son heure.

Je sais qu'il faut laisser l'esprit errer, s'enrichir de ce vagabondage.

Mais il faut savoir aussi planter les piquets de l'habitude et de la raison, de la répétition et de la méthode, si l'on veut avancer. Ils sont les garants de ta volonté et vont donc baliser, encadrer, soutenir l'espoir.

Tu verras que, si tu t'appliques ainsi, pas après pas, acte après acte, tu éprouveras une satisfaction dont tu seras surpris, car tu ne savais peut-être pas – ou tu avais oublié – que la satisfaction pouvait naître d'actes anodins ; peut-être aussi seras-tu emporté par une joie calme, une sérénité faite de force et de détermination.

Alors l'Espoir aura gagné la partie. Tu n'auras pas capitulé, tu seras porté par le courant de la vie, tu auras fait jaillir ta source.

IL Y A UN ÉCHANGE CONSTANT ENTRE LE CORPS ET L'ÂME, ENTRE L'ACTE, MÊME ÉLÉMENTAIRE, ET LE MORAL.

GARDER L'ESPOIR, C'EST D'ABORD LA CAPACITÉ D'ACCOMPLIR AVEC CONSCIENCE LES ACTES NÉCESSAIRES AU RESPECT DE SOI, AU RESPECT DE SON APPARENCE. L'espoir et la joie s'ensuivent naturellement.

Plus loin dans ce livre, si tu continues de le lire comme je le souhaite, lentement, afin qu'entre mon expérience et toi, peu à peu, se noue une relation intime, que tu discutes chacune de mes phrases avant de l'accepter et qu'elle devienne tienne, modifiée si tu le juges bon, plus loin je te parlerai de L'ESPÉRANCE QUI DOIT SOUTENIR L'HUMAIN.

Si la foi te porte, tu disposes d'un élan considérable, mais alors même il te faut passer par l'épreuve des jours, des heures, et tu as besoin de garder l'espoir en plantant de petits actes quotidiens.

TU ES TA FORCE. Le monde, la crise existent, mais c'est la manière dont tu réagis qui compte. Même au fond d'un gouffre, tu peux trouver le moyen d'agir pour affirmer ta confiance.

Tu dois te souvenir que, dans le monde d'aujourd'hui, toi qui tiens ce livre entre tes mains, il y a des hommes, des femmes et des enfants dont la vie quotidienne est une tragédie.

Cinq millions d'exclus en France.

Deux cents millions d'enfants de par le monde qui travaillent comme des esclaves.

Et il y a tous ceux qui, par centaines de millions, meurent de la famine ou de maladies que l'on pourrait soigner si les moyens financiers existaient.

DÉSESPÉRER, POUR TOI, SERAIT INDIGNE.

L'espoir est aussi une manière de remercier ceux par qui – et, si tu es croyant, Celui par qui – tu as réussi à échapper aux conditions les plus extrêmes.

Garder l'espoir, chaque jour entreprendre les gestes qui le maintiendront vivace, est aussi un devoir humain.

Parfois, je le sais, il est dur de conserver l'espoir, et tu auras envie de te laisser aller.

ALORS FAIS UN PETIT GESTE, ACCOMPLIS UN ACTE, IMPOSE-TOI UNE TÂCHE.

L'ACTION CONDUIT À L'ESPOIR.

7

Agis pour ne pas être dépendant

AGIS.

La vie est mouvement et tu dois, si tu veux que l'espoir jaillisse en toi, si tu veux briser le cercle d'impuissance, de malaise et de doute qui parfois t'enferme, AGIR.

Mais tu ne dois pas rechercher l'action pour l'action ; parce qu'alors tu ne serais qu'un de ceux qui, précisément, par désespoir et par peur, sont « sortis » d'eux-mêmes, se sont fuis et perdus, souvent dans la violence. Je les appellerai les « mercenaires » de l'action.

L'action pour ces combattants-là, ces fuyards de l'Humain, n'est qu'une forme de drogue.

AGIS POUR ÊTRE EN ACCORD AVEC TOI-MÊME, ET PARCE QUE LA VIE EST ACTION.

Mais quelle action ?

Agis d'abord sur toi-même, en toi-même.

Ne reste pas morose, si tu l'es. Prends la plume, note tes pensées, fais le point [1].

1. Dans mon livre *Les Forces de la vie*, j'ai donné toute une série d'indications précises, une technique pour libérer en soi les « forces de la vie ». J'y renvoie le lecteur. Ce livre est aussi conçu comme un « journal » personnel à rédiger au fur

Exprimer ta pensée par des mots écrits est un *acte*. Tu sors de toi, tu projettes tes idées, elles deviennent des formes du réel et tu peux te confronter à elles.

Le pire est de laisser pourrir par l'inaction la force qui est en toi. Elle te corrodera comme un acide.

Lance cette force hors de toi. Agis.

AGIS POUR NE PAS ÊTRE DÉPENDANT.

Dépendance, le mot le plus inquiétant de l'époque, car il rappelle ceux qui ne peuvent plus se tenir debout, qui tendent leur main pour une obole, leur avant-bras pour une piqûre de drogue.

AGIS PAR UNE DÉCISION QUI FAIT DE TON ACTION L'ŒUVRE DE TON ÂME.

Il y a dans l'action, qui est le prolongement d'une décision de l'âme, l'affirmation d'un orgueil nécessaire, l'expression d'une volonté.

ORGUEIL et VOLONTÉ sont des vertus dès lors qu'elles sont au service de l'Humain. L'orgueil et la volonté sont la condition d'une réaction à la dépendance.

AGIS POUR ÊTRE FIER DE TOI.

La fierté, dès lors qu'elle est au service de l'Humain, n'est pas à rejeter, au contraire.

Tu dois affirmer avec force ta fierté de ne pas accepter la dégradation ou la dissolution de ta personnalité.

Pourquoi laisser à ceux qui affichent le refus de l'Humain, à ceux qui acceptent d'être réduits à un corps sans âme, le droit de revendiquer leur comportement ?

---

et à mesure de la lecture. Il peut compléter utilement *Vivre debout.*

Il faut que, face à la décomposition d'une société qui renonce à toutes les valeurs, hormis celles de la violence, de la haine – raciale ou religieuse – et du profit – l'Argent, comme seule « valeur » –, tu affirmes ton droit et ta FIERTÉ d'agir différemment, de mettre au premier plan la grandeur de l'Humain, sa capacité à créer, à vivre debout, à se respecter et, de ce fait, à respecter les autres.

Agir avec volonté, orgueil et fierté, ce n'est pas mépriser l'Autre, mais simplement être soi-même, et refuser le conformisme qui nivelle.

SOIS FIER DE CE QUE TU ES.

Mais il ne suffit pas d'agir sur soi, de faire en sorte d'être son propre tuteur, son propre guide, il faut aussi agir vers l'extérieur de soi.

Le monde – la réalité donc –, même en crise, n'est pas ce mur de béton contre lequel on se brise. Si tu as cette opinion, c'est parce que tu restes immobile, et que tu n'agis pas.

Le monde n'est pas un obstacle infranchissable. Il est fait au contraire de récifs, d'îlots, certains dissimulés, entre lesquels celui qui agit peut passer. Peut-être est-ce un labyrinthe, mais il y a un passage et une issue.

Pense à cet homme héroïque qui a traversé seul, en ramant, l'océan Pacifique. Pense à cet homme, seul lui aussi, qui a marché nuit et jour jusqu'au Pôle, en traînant son équipement. Pense à ce coureur des cimes qui, en solitaire, a atteint les sommets les plus hauts.

Il y a toujours moyen de trouver le passage. Et, depuis qu'il existe, l'homme humain a montré qu'il sait, s'il persévère, s'il agit avec obstination et intelligence, le reconnaître et s'y engager, afin de réaliser ce qu'il désire.

Je te parle en connaissance de cause, puisque je suis l'un de ceux, peu nombreux il est vrai, qui ont réussi à s'évader des camps de la mort, à survivre et, après avoir combattu dans le ghetto de Varsovie insurgé, à s'en échapper encore.

Pour trouver le chemin dans le monde, il faut agir.

Si tu es paralysé par l'idée que tu te fais de toi et celle que tu te fais du monde, alors, bien sûr, tu resteras prisonnier, et tu seras vaincu.

Mais si tu t'engages par l'action dans le monde réel, tu apercevras vite la mer entre les récifs, et le passage.

AGIS DANS LE MONDE. TU DÉCOUVRIRAS QU'IL SE PLIE À TON ACTION. Seulement, tu l'as compris, il faut d'abord essayer que, en toi, tu décides d'agir, et que tu le fasses avec élan.

LE SORT DE TON ACTION SE JOUE, AVANT MÊME QUE TU COMMENCES, DANS TA TÊTE.

Napoléon disait que seules les batailles que l'on n'a pas engagées sont perdues. Si tu ne peux ouvrir une porte, ce n'est pas parce qu'elle résiste, mais parce que, à un moment donné, tu as renoncé à l'ouvrir.

AGIS.

La vie est un équilibre, et tu ne pourras le maintenir qu'à la condition d'agir.

Une bicyclette ne tient droite qu'à la condition que

tu pédales, que tu avances. De même, celui qui s'arrête, celui qui n'agit pas, tombe.

PENSE ET AGIS. LE RÉSULTAT DE TON ACTION DÉPENDRA POUR L'ESSENTIEL DE LA MANIÈRE DONT TU AURAS PENSÉ LA RÉALITÉ.

Médite avec moi cette phrase de l'écrivain Alain-Fournier, l'auteur du *Grand Meaulnes* : « J'ai toujours pensé ceci : chacun se crée la réalité qu'il a méritée. Christophe Colomb a rencontré les rivages des royaumes d'Amérique parce qu'il avait eu l'audace de les susciter. Jamais la réalité n'a déçu celui qui avait eu le courage et l'imagination nécessaires pour croire en elle. »

PENSE ET AGIS AVEC AUDACE.

DEUXIÈME PARTIE

Vise une cible lointaine et la flèche frappera sûrement la cible qui est plus proche

Isaac

Ce que j'ai vécu, pendant la guerre, je l'ai raconté dans mon livre et, de temps à autre, la télévision programme le film que l'on a tiré de mon récit.

Des lettres me parviennent, des dizaines chaque jour, comme si les mots que j'avais écrits poursuivaient leur voyage, indépendamment de moi, et que, de l'Iran, mais oui!, à la Pologne, de la Hongrie à l'Australie et, bien sûr, de Nancy à Rennes, de Lille à Toulon, un lecteur, ici ou là, les lisait et me faisait un signe.

Les livres sont bouteilles à la mer.

Mais au fond de moi, malgré ma volonté et mon énergie, malgré ce que j'entreprends – et peut-être est-ce pour ne pas me noyer dans le souvenir mais au contraire le maîtriser que j'entreprends tout cela –, je reste le passager survivant de cette traversée de l'apocalypse, et je n'oublierai jamais.

Nous étions des millions; les nazis ont coulé le navire, et des millions de juifs, les miens, ont disparu dans le naufrage.

Je suis un naufragé et je le resterai, je revendiquerai toujours cette appartenance au peuple martyr qui est le mien.

C'est peut-être pour cela que j'ai reçu comme un choc la peinture de Isaac Celnikier.

Je savais qu'il était un grand peintre, mais je n'avais pas vu ses toiles. On m'avait expliqué qu'il était l'un des rares survivants du ghetto de Bialystok, en Pologne, puis qu'il avait été soumis à la violence, différente mais implacable aussi, du communisme de Staline. J'avais donc de la sympathie, une sympathie fraternelle pour lui.

Et puis je me suis trouvé en face de ses toiles. Et j'ai compris ce que signifiait témoigner et créer en même temps. Être réaliste, pour un artiste, c'est penser en soi-même le réel, ne pas chercher à le reproduire, mais s'en imprégner, et recréer, en apparence seulement, au gré de son imagination. Alors, l'œuvre imaginaire devient plus vraie que la réalité.

Si je parle d'Isaac Celnikier, c'est parce que son effort d'artiste, de créateur, montre comment, par la pensée, par l'action de soi sur sa propre mémoire, par un immense travail de connaissance de soi-même, des moyens de son art, on peut prendre place dans le monde, devenir un pan du monde.

Je suis resté longtemps devant ces toiles, ou devant les reproductions de ces toiles. J'admirais ce miracle de l'art. Des bleus et des jaunes, des noirs et des ocres, quelques traits tracés d'une main sûre, et cela composait une œuvre si forte que tout ce qui se trouvait autour d'elle semblait aboli.

Grande est la force de la pensée humaine, me

disais-je, qui peut s'imposer à vous et devenir ainsi plus présente que les « choses » matérielles.

Quand je m'interroge sur la puissance de l'homme, sur sa capacité à comprendre et à exprimer le monde, à se révolter aussi, contre la barbarie ou contre cette autre barbarie qu'on appelle le temps qui passe et l'oubli qui installe sa nuit, je pense à l'œuvre d'Isaac Celnikier.

Il a vécu l'horreur. Il a vu le regard des mourants. Il a subi la cruauté des animaux à visage d'homme. Il a survécu au naufrage. Et il ne cherche pas à le fuir, mais au contraire à l'inscrire pour toujours dans la mémoire par une CRÉATION, qui fait, de ce moment de l'histoire, une œuvre d'art.

Voilà tout le génie unique de l'homme : l'inhumain – parce qu'un artiste s'en saisit, *pense*, *comprend*, *crée* – devient plus qu'humain, entre dans le patrimoine des hommes, et s'inscrit à jamais dans les mémoires.

Celnikier est de la même taille qu'un Picasso, peignant, après le bombardement de Guernica par l'aviation allemande en 1937, cette toile immense qui reste comme le symbole de la guerre d'Espagne.

Celnikier peint la *Shoah*, et toutes les manipulations qui cherchent à effacer ce qui a eu lieu, se briseront sur la réalité de ces tableaux, de ces fresques, de ces gravures.

On ne peut rien, à la fin des fins, contre la pensée.

Celnikier a voulu exprimer ce qu'il avait vécu, au plus profond de lui-même, et ainsi *il a donné sens* à sa vie.

Son ambition a été haute et noble : il ne cherchait

ni à convaincre ni à polémiquer. Il voulait penser et dire ce qu'il avait vu.

Je sais que, comme moi, il a vu passer dans les rues de Varsovie le docteur Janusz Korczak qui, jusqu'au bout, a protégé les enfants dont il avait la charge, et qui est finalement parti avec eux, faisant à leurs côtés le dernier voyage. Ce visage de bonté qu'était celui de Korczak, je ne l'ai jamais oublié, et Celnikier, même quand il peint l'horreur, l'a, j'en suis sûr, en mémoire. La bonté, la pensée, sont là, présentes dans son œuvre, parce que, d'une certaine manière, Korczak nous a tous illuminés, nous qui l'avons vu, nous qui savons. Et quand, moi avec les mots, Celnikier avec ses toiles, nous parlons de lui, de ce que nous avons vécu, nous essayons de transmettre ce message de courage et d'abnégation.

« Vise une cible lointaine et ta flèche frappera sûrement la cible qui est plus proche. »

8

Apprends à penser, c'est ainsi que tu seras humain

Penser ?

C'est bien par là que l'homme se distingue des autres espèces vivantes. Il n'agit pas seulement par instinct, cette mémoire inscrite dans les gènes et faisant qu'un oiseau, un insecte, ou un poisson connaissent dès leur naissance les itinéraires de leurs migrations, et que quelques secondes ou quelques jours leur suffisent pour se mouvoir et savoir tout ce qu'avant leur naissance l'espèce a accumulé de réflexes.

Rien de tel avec l'homme, le plus démuni à la naissance de presque tous les vivants. Celui qui a le plus besoin des autres – famille, société – pour apprendre, acquérir les connaissances de ses prédécesseurs, et enfin prendre la suite des générations ayant assimilé la mémoire de tous les hommes, entassée dans les bibliothèques, les œuvres d'art et, aujourd'hui, les ordinateurs.

Homme : le plus pauvre et le plus riche des vivants, le plus désarmé dans la nature, et celui qui a su le mieux la dompter.

APPRENDS À PENSER, C'EST AINSI QUE TU SERAS HUMAIN.

Si l'homme ne pense pas, s'il en est réduit à des réactions instinctives, il cesse d'être humain, même s'il garde les apparences d'un homme.

TU DOIS PENSER.

C'est, aujourd'hui, une exigence encore plus grande qu'autrefois.

Dans le monde en crise, celui qui ne pense pas est perdu.

Il est ballotté, noyé, angoissé. Il ne peut pas faire face. Son action est désordonnée, chaotique, instinctive. L'instinct, qui est utile, ne peut pas donner la solution quand se succèdent les difficultés.

Et, au moment où cette nécessité impérieuse se fait sentir, voilà que beaucoup cessent de « penser », ou se comportent comme si la pensée était inutile. En fait, trop nombreux sont ceux qui craignent de penser.

TU NE DOIS PAS AVOIR PEUR DE PENSER.

PENSER, POUR L'HOMME, EST UN DEVOIR ET UN IMPÉRATIF.

PENSER POUR TON DESTIN EST UNE NÉCESSITÉ.

Il faut d'abord apprendre à PENSER LA TOTALITÉ.

C'est-à-dire, penser l'ensemble d'un problème, apprendre à poser les questions générales devant les situations auxquelles tu es confronté.

QU'EST-CE QUE JE VEUX ? QUE ME DEMANDE-T-ON ? QUE PUIS-JE ?

Et cela signifie que TU DOIS ORDONNER TES PENSÉES, APPRENDRE À HIÉRARCHISER TES IDÉES.

Regarde une cathédrale. Il fallait, pour la construire, la penser d'abord dans son ensemble, savoir, porté par une grande et belle foi, à quel but répondait cette construction, qui l'on voulait honorer.

Mais le maçon, le charpentier d'alors n'étaient pas capables de faire un plan d'ensemble du bâtiment.

Ils pouvaient seulement le penser. À partir de cette pensée d'ensemble, ils décomposaient cette pensée en autant de petits chantiers, de pensées qu'ils pouvaient, à leur tour, fragmenter.

La cathédrale pensée dans sa totalité serait-elle un jour terminée ? Il y fallait des générations, des décennies, mais elle était déjà tout entière dans le cœur et la tête de ceux qui l'avaient commencée et qui, modestement, taillaient une pierre, puis une autre, montaient une colonne puis une autre, jusqu'à ce que l'on arrive à la flèche qui s'élève aujourd'hui encore dans nos cieux.

Tu dois penser comme on construit un puzzle : vois d'abord le dessin d'ensemble et puis ajoute une pensée après une autre.

De la pensée d'ensemble, passe à une pensée plus simple, que tu peux maîtriser.

Tu dois aussi préserver la SURPRISE qu'apporte toute pensée.

La pensée d'un homme est ce jaillissement permanent qui le surprend lui-même, et il faut apprendre à faire naître ces surprises.

Mais la surprise ne surgit que par le lent apprentissage de la pensée. LES IDÉES POUSSENT SUR LE SOL LABOURÉ DE L'ESPRIT.

Il faut que tu sois celui qui ait constamment l'esprit en éveil. Ne le laisse pas se rouiller comme une machine arrêtée, abandonnée. Il faut que le monde soit ton défi, ta provocation à penser, à comprendre. Car la pensée est la condition d'une action.

PENSER, C'EST AGIR EN HOMME.

9

Ne te résigne pas, ne te résigne jamais

As-tu vu, comme moi, cet enfant qui marchait avec difficulté, plutôt petit pour ses quinze ans, le visage marqué par une peau malade ? Il avait du mal à ouvrir grand ses yeux, mais son regard, quand on le croisait, était intense, et sa voix ferme. Les propos qu'il tenait étaient angoissants par leur lucidité. « Je sais que j'ai peu de chances », disait-il. « Mon frère est déjà mort. »

Il précisait cela d'une voix calme, puis, comme s'il avait dominé une peur ou un fatalisme intérieur, il ajoutait qu'il se battrait jusqu'au bout, qu'il ne baisserait jamais les bras, qu'il voulait vivre, et que, peut-être – à cet instant sa voix tremblait un peu –, ce combat, cette énergie, ce désir de vivre qu'il avait, feraient reculer la maladie et qu'il triompherait ainsi de la mort.

Il voulait être pilote, voler, et son père dans un hangar lui construisait un ULM. Peut-être les as-tu vus comme moi, marchant dans les champs, côte à côte, le père, grave, tenant son fils par l'épaule.

Cet enfant résolu était hémophile et avait été contaminé au cours d'une transfusion sanguine par le virus du sida.

Il est mort à présent.

J'ai pensé à lui depuis, et maintenant surtout, pour te dire que, face à un monde difficile, face à l'adversité qui nous assaille, TU NE DOIS PAS TE RÉSIGNER, JAMAIS.

L'enfant héroïque nous a donné une leçon qu'il faudrait répéter à chaque instant, pour mesurer ce qu'un humain peut faire quand il a en lui l'énergie de la vie, et qu'il ne se résigne pas.

Songe à cet enfant, d'abord frappé par la maladie – l'hémophilie – comme par malédiction, puis réussissant à vivre avec elle, malgré les douleurs et la lourdeur des traitements, puis, une nouvelle fois, coup répété d'un destin hostile, touché par un virus mortel, et ce par le hasard d'une transfusion, et n'abdiquant pas, ne se résignant pas. À nous tous, il a donné l'exemple de cette grandeur des anonymes, trop souvent ignorée.

Cet enfant nous a aidé à vivre. Par ce courage.

Certains, peut-être, parce que la mort l'a finalement emporté, se diront « à quoi bon ? »

Mais c'est précisément face au mystère de la maladie, du sort qui frappe, que l'Humain trouve à s'exprimer ; c'est là, dans *la crise*, que l'HOMME DOIT ÊTRE CAPABLE DE NE PAS SE RÉSIGNER.

Question de dignité, mais aussi de sagesse : continuer à vivre, comme si de rien n'était, alors que la maladie vous détruit, alors qu'aucun traitement ne peut la combattre, voilà l'humain dans sa volonté et sa force.

Cet enfant est notre exemple.

Il est resté debout. Par quelles ressources ?

Le désir de ne pas abdiquer, la volonté d'agir, la force de ne pas renoncer.

Quand on ne se résigne pas, non seulement le combat que l'on mène peut aboutir à la victoire, mais toute la durée de ce combat est vécue différemment, avec une sorte d'orgueil et d'exaltation pour affronter la douleur, l'inquiétude, l'angoisse.

C'est aussi, pour les autres, une leçon exemplaire.

NE TE RÉSIGNE JAMAIS, C'EST AINSI QUE TU AIDERAS LES AUTRES, QUE TU LEUR MONTRERAS TON AMOUR.

Ne pas se résigner, c'est aussi faire preuve de générosité.

Imaginons l'effet sur l'entourage, sur ceux qui l'aimaient, d'une lamentation sans fin et d'un refus de vivre – qui seraient apparus légitimes, compréhensibles. La douleur des proches aurait été décuplée et l'enfant, dans sa souffrance, aurait été la cause d'un malheur supplémentaire.

En ne se résignant pas, en continuant de vouloir vivre, il a donné de la force aux siens.

NE PAS SE RÉSIGNER, C'EST HONORER LA VIE.

Celui qui se respecte, celui qui accomplit un acte humain, un acte héroïque, grandit tous les hommes.

NE PAS SE RÉSIGNER, C'EST DONNER UNE LECON DE VIE.

Mais comment apprendre à ne pas se résigner ? Certains diront : « Je ne peux pas, c'est une question de personnalité. Les uns sont énergiques, les autres pas. On ne peut forcer la nature. »

N'admet pas les excuses qui justifient les abandons.

Si tu as ce livre en main, c'est précisément que tu ne te résignes pas, que tu veux donner plus, faire jaillir les forces de la vie.

Ta vie est comme un torrent, qu'en fais-tu ? Laisses-tu ce torrent se répandre entre les cailloux, entre les rochers, devenir là une mare d'eau fétide, et ici un jet d'écume, le tout au hasard de la pente ?

Ou au contraire, cette eau puissante, vivante, la maîtrises-tu et la transformes-tu en une force qui fera tourner les roues à aube des moulins, irriguera, abreuvera, étanchera la soif ?

Il y a en toi toutes les sources nécessaires pour ne pas se résigner, faire face, tenir debout, affronter la crise.

Mais qu'as-tu fait de ces sources ?

T'a-t-on appris, comme on l'aurait dû, à les canaliser, à les utiliser ?

Sache qu'il n'est pas trop tard, jamais.

Il faut, là aussi, savoir tailler la pierre, la première pierre de la cathédrale. Il faut, par de petits actes, éduquer sa volonté, se rendre compte que l'on peut plier son corps et son désir, et exiger de soi plus qu'on ne donne.

Imagine que tu entres dans l'immeuble où tu loges. À droite, la porte qui conduit aux escaliers, en face de toi la porte de l'ascenseur. Naturellement, tu ouvres cette porte. Naturel, normal, instinctif. Et si tu ne te résignais pas à cet acte élémentaire que tu crois sans signification ? Si tu t'imposais de prendre à droite la porte des escaliers et de gravir les étages jusqu'à chez toi ? Quel non-sens, diras-tu ? Et si ce petit acte auquel tu t'obliges était l'apprentissage de la pensée, l'éducation de la volonté, l'obligation que tu te fais de préférer ou d'accepter l'effort, au lieu de céder à la facilité des habitudes et de la paresse ? Si ce petit geste anodin et presque ridicule était un commencement nécessaire pour qu'un jour tu saches, dans les choses importantes, ne pas te résigner ?

L'HOMME PEUT TOUT ACQUÉRIR, TOUT APPRENDRE, ET TU DOIS APPRENDRE À REFUSER LA RÉSIGNATION.

TU DOIS APPRENDRE LE COURAGE.

10

Tu dois, comme un découvreur, tracer ta route

APPRENDRE ?

Suis cet enfant qui fait ses premiers pas, il tend les bras, il tâtonne, il tombe, se relève, recommence. Tu l'aides et, peu à peu, il apprend à marcher. Il en sera de même avec les mots. Les premiers qu'il prononce sont peu compréhensibles, puis ils se précisent, et bientôt des phrases naîtront. On les lui a répétées et il les a apprises.

Cet enfant cessera-t-il un jour d'apprendre ? C'est le risque qui menace tout homme. Quand il sera un adulte, installé dans une fonction, que la vie quotidienne s'émiettera en mille tâches, en mille distractions, et qu'il sera assis, le soir, devant la télévision, spectateur un peu somnolent, ne lui parle plus d'apprendre.

CELUI QUI CESSE D'APPRENDRE EST COMME MORT.

Le monde est une réalité mouvante de plus en plus complexe, et si l'on s'arrête de suivre le mouvement, on est laissé sur la berge, cependant que l'eau continue de couler.

Comment s'adapter, trouver sa place dans un univers en permanente mutation – la crise elle-même est la preuve de cette mutation –, si l'on cesse d'apprendre ?

Le temps est fini où l'on pouvait traverser la vie avec les seules connaissances acquises dans l'adolescence, où toute sa vie on était rivé à la même occupation.

Aujourd'hui, chacun sait que, au long de sa vie, il sera contraint de changer plusieurs fois d'activité. Si bien que l'essentiel, pour qui veut être sûr de toujours trouver sa place, c'est d'APPRENDRE À APPRENDRE.

Une fois de plus, il faut agir avec méthode, concevoir l'ensemble, et savoir quelle est la place du détail, savoir HIÉRARCHISER, METTRE DE L'ORDRE, ORGANISER, PLANIFIER, et cela suppose CLARTÉ, OBSTINATION, VOLONTÉ.

Tu le vois, tout se tient : comprendre et s'obstiner, apprendre et ne pas se résigner.

APPRENDRE, C'EST SAVOIR D'ABORD STRUCTURER SA PENSÉE.

On accumule, grâce à l'enseignement, de nombreuses données : faits, chiffres, règles. Tout cela est nécessaire. Mais il faut aussi et surtout apprendre à travailler, apprendre à s'adapter.

Apprendre à apprendre, c'est d'abord mettre de l'ordre. Dans la profusion des idées et des faits, dans le jaillissement du monde, TU DOIS, COMME UN DÉCOUVREUR, TRACER TA ROUTE.

Tracer ta route, cela suppose que tu connaisses ton objectif, que tu mesures tes moyens, et qu'une fois engagé dans cette voie, tu la balises, pour qu'elle ne s'efface pas derrière toi.

Bien sûr, l'expérience compte, mais elle ne doit pas être une lanterne qu'on porte dans le dos et qui n'éclaire donc pas le chemin à venir mais seulement celui déjà parcouru. APPRENDRE À APPRENDRE, C'EST TIRER LA LECON DES ACTES ACCOMPLIS.

Apprendre à devancer, apprendre à prévoir, et pour cela imaginer, décomposer, afin de faire apparaître les ressorts de la réalité, voilà les réflexes de pensée que tu dois acquérir.

Or, rares sont les hommes qui agissent ainsi. Ils semblent au contraire toujours poussés par l'instinct, emportés par la violence. C'est peut-être pourquoi les crises du monde se répètent éternellement. Quand on mesure les tensions qui séparent les peuples, les guerres auxquelles ils se livrent, la barbarie qu'ils mettent en œuvre, on est en effet tenté de le penser.

On ne cesse de voir les hommes répéter les mêmes erreurs, poursuivre des politiques dont les résultats sont accablants.

TIRER LA LEÇON DES FAITS, ÊTRE LUCIDE, EST LA PREMIÈRE DES OBLIGATIONS.

Mais tant d'obstacles se dressent entre l'homme et la lucidité. Parfois, il manque du courage nécessaire pour regarder le monde tel qu'il est, parfois, il pense avoir intérêt à nier la réalité; et souvent, dans le court terme, les faits semblent lui donner raison.

Mais celui qui refuse le réel, un jour ou l'autre, subit un choc en retour.

Tu peux nier ce que tu es, tu peux refuser de voir l'effet de tes actions, tu peux te mentir et mentir aux autres, un moment vient où la vérité surgit, parce que le réel ne peut être effacé.

Mais cet apprentissage capital de la lucidité n'est pas encore l'essentiel de ce que l'homme doit apprendre.

Le plus difficile, le plus incertain et le plus nécessaire, est d'APPRENDRE À VIVRE.

Tu connais la chanson du poète :

Le temps d'apprendre à vivre il est déjà trop tard
Que pleurent dans la nuit nos cœurs à l'unisson
Ce qu'il faut de malheur pour la moindre chanson
Ce qu'il faut de regrets pour payer un frisson
Ce qu'il faut de sanglots pour un air de guitare
Il n'y a pas d'amour heureux

Le poète Aragon dit, à sa superbe manière, ce qui étreint le cœur quand la vie s'en va, et la brièveté de cette vie. Tu dois apprendre cela.

Tu dois savoir cela.

Les sages, jadis, au Moyen Âge, posaient sur leur table, et avaient constamment sous leurs yeux, un sablier et un crâne qui leur rappelaient que les instants étaient comptés et que la mort était au bout de la route.

NOUS AVONS OUBLIÉ D'APPRENDRE CETTE BRIÈVETÉ ET CETTE FRAGILITÉ DE LA VIE.

Nos sociétés ne font que l'apprentissage des techniques et des savoirs. Elles ont renoncé à apprendre le plus fondamental.

LE SENS DE LA VIE, quel est-il ? Voilà la question, voilà ce qu'il faut chercher à résoudre.

Bien plus profonde que les crises provoquées par les économies en récession, il y a la crise du sens de notre monde.

TU DOIS APPRENDRE À RÉPONDRE À CETTE QUESTION DU SENS DE TA VIE.

TU DOIS DONC APPRENDRE À RÉFLÉCHIR À SA BRIÈVETÉ ET À SA FIN.

L'homme du Moyen Âge qui acceptait de dialoguer en permanence avec la mort, en ayant conscience de la brièveté du temps de sa vie, avait une réponse qui était sa foi religieuse.

LA RELIGION DONNE UNE RÉPONSE, ELLE APPREND À RÉSOUDRE LA QUESTION DU SENS.

Tu peux récuser, refuser cette réponse, mais alors, APPRENDS À VIVRE LUCIDEMENT AVEC CETTE INTERROGATION SANS FIN SUR LE SENS DE TA VIE.

C'est possible. C'est difficile. Mais des hommes l'ont fait et le font encore, plaçant la dignité de la vie et de leur destin précisément dans ce refus des réponses, et mettant leur fierté d'homme dans cette vie conduite sans la consolation d'un Dieu compréhensif et accueillant, d'un Dieu mystère et réponse.

Libre à toi, mais sache que quelle que soit ta réponse – religieuse ou non –, tu devras apprendre à vivre avec la question.

11

Tu dois donner sens à la vie

Songe à ces premiers hommes dont les préhistoriens et les archéologues, peu à peu, réussissent à reconstituer la vie.

Songe à ces HOMO SAPIENS, qui avaient appris à tailler la pierre, à la polir, à se munir d'armes, puis à maîtriser le feu et, dizaine de millénaires après dizaine de millénaires, inventèrent l'agriculture, l'élevage, réussissant ainsi à échapper aux aléas de la cueillette et de la chasse, à constituer dans leurs huttes ou leurs cavernes des réserves de vivres.

Songe surtout à leur esprit, aux questions qui peu à peu surgissaient de leur nuit. Ils dessinaient sur les parois des grottes ces magnifiques peintures rupestres, ils tentaient par des pratiques magiques de conjurer la maladie, de prendre au piège des animaux, ou de guider leur javelot vers la cible.

Songe à leur peur devant la foudre ou la longue nuit de l'hiver, à leur étonnement devant la succession surprenante du jour et de la nuit, et d'autres phénomènes, comme les éclipses par exemple.

Songe – et tu seras fasciné et émerveillé comme je le suis toujours – à cette aventure des premières civilisations humaines, à ces monuments qui peu à peu s'élevèrent, ces penseurs qui surgirent, ces philosophes qui naquirent, cette cité qui se mit en place, il y a des milliers d'années.

Songe à la fabrication des premières tombes rudimentaires – quand l'homme comprit qu'il devait ensevelir et respecter les morts – et puis, à ces tombeaux immenses, pour les rois, que sont les pyramides.

Je te rappelle cela POUR QUE TU REPLACES TA VIE DANS LE GRAND MOUVEMENT DE LA VIE HUMAINE, et qu'ainsi tu aies les éléments pour répondre à la question du sens de la vie.

Tu dois – que tu sois croyant ou que tu choisisses de ne pas l'être – te sentir L'UN DES MAILLONS DE LA GRANDE CHAÎNE HUMAINE. Cela, déjà, DONNE UN SENS À TA VIE.

Tu n'es pas un grain isolé, perdu dans l'univers et dans la foule.

Si, aujourd'hui, le monde est en crise, c'est parce que se SONT ROMPUS LES LIENS QUI NOUS RATTACHENT À L'HISTOIRE DE TOUS LES HOMMES.

Il n'est possible de donner sens à la vie et donc de « vivre debout », de faire face à l'usure du temps, à la précarité de l'existence, qu'à la condition de savoir que l'homme est lié aux autres hommes. Il n'est pas ce grain sans adhérence, poussé vers la mort au terme d'une vie privée de sens et de direction, il est le

MOMENT D'UNE GRANDE ÉPOPÉE, D'UNE HISTOIRE FABULEUSE, CELLE DE L'HUMANITÉ.

Histoire envoûtante, parce qu'à chaque instant, la régression guette. Un enfant n'est de son temps que parce qu'on lui transmet les connaissances du moment. Si, au terme d'un cataclysme, il se retrouvait sans éducateur, sans livre, nu et sans héritage, il lui faudrait recommencer comme aux temps préhistoriques, tout parcourir à nouveau, domestiquer le feu et comprendre que la terre est ronde.

VOILÀ LE SENS DE LA VIE : ÊTRE UNE ARTICULATION CONSCIENTE ENTRE CETTE HISTOIRE ET LE FUTUR DONT TU ES RESPONSABLE, car, le présent, c'est toi, et tu as dans ta vie la responsabilité de préserver l'héritage, de l'enrichir, de le transmettre.

Même si tu n'es pas croyant – et c'est ton droit – cela suffit à donner sens à ta vie d'homme.

Si tu es croyant, cette chaîne, cette aventure humaine doivent confirmer à tes yeux le sens divin de la vie. Elles enseignent en même temps la liberté que Dieu nous laisse à chaque instant de choisir entre la mort – en nous déracinant, en dilapidant l'héritage – et la vie – en donnant plus d'Humain à l'humain; c'est à ce point que le croyant et le non-croyant peuvent se rejoindre.

Rien n'est jamais gagné pour l'homme.

Laisse-moi te citer un autre passage de ce poème d'Aragon dont je t'ai déjà fait lire une strophe précédemment :

Rien n'est jamais acquis à l'homme Ni sa force
Ni sa faiblesse ni son cœur Et quand il croit
Ouvrir ses bras son ombre est celle d'une croix
Et quand il croit serrer son bonheur il le broie
Sa vie est un étrange et douloureux divorce
Il n'y a pas d'amour heureux

Je pensais à ce poème en apprenant qu'en Italie, à Florence, des hommes avaient fait exploser une voiture piégée contre le mur du musée des Offices. Cinq personnes – dont des petits enfants – ont été tuées, mais aussi, des œuvres d'art ont été détruites, d'autres endommagées. J'ai vu, la nuit, se rassembler sur la place de la Seigneurie, à Florence, des milliers d'hommes et de femmes venus, une torche à la main, protester contre ce crime.

Il est l'un des plus terribles des crimes, non seulement parce qu'il tue l'homme et l'enfant, mais aussi parce qu'il tente de détruire la chaîne des hommes. EN S'ATTAQUANT À L'ART, À LA CRÉATION, AUX ŒUVRES DE L'ESPRIT, C'EST AU SENS MÊME DE LA VIE QUE L'ON S'ATTAQUE. C'EST L'HISTOIRE DES HOMMES QU'ON VEUT INTERROMPRE. C'EST LE RETOUR À LA BARBARIE QUE L'ON FAVORISE, QUE L'ON SOUHAITE AINSI.

Cet acte, en notre temps, signale bien la profondeur de notre crise. Et quand, en Europe, les canons détruisent églises et mosquées, musées et monuments, c'est le même mouvement de régression – donc de mort –, de rupture, dans la chaîne des hommes, qui est en œuvre. Le crime est immense.

Il peut prendre d'autres visages, plus souriants, quand la mémoire est effacée des esprits et l'histoire ainsi abolie.

POUR L'HOMME, LA FIN DE LA MÉMOIRE C'EST LA FIN DU SENS DE LA VIE. PUISQUE TOUTE LA VIE DE L'HOMME EST FAITE DE MÉMOIRE.

Sans l'accumulation du savoir, l'homme est reconduit à ses origines.

Sans cette histoire des civilisations dans laquelle il s'insère, sa vie n'a plus de sens.

Si l'homme n'est pas maillon dans la chaîne des hommes, il n'est rien qu'angoisse et violence, l'une aggravant l'autre.

C'est parce que ce SENS DE LA VIE est aujourd'hui remis en cause, parce que les liens sont rompus, qu'il y a crise de civilisation.

Que deviennent les campagnes où depuis des millénaires les hommes avaient tracé leurs champs, maîtrisé la nature ? Elles retournent à la friche.

Que deviennent les villes où les centres historiques sont abandonnés ou étouffés ?

Que devient aussi l'enseignement de l'histoire à l'heure des faits divers télévisés ?

Et que deviennent, même, les religions, au moment où les pratiques se perdent ?

Ainsi, les fils sont rompus, et l'homme devient vraiment ce vivant sans amarres, sans repères, produit de la crise, mais aussi cause de la crise.

Que peut-il cet errant de l'esprit, sinon gesticuler, se laisser porter par les instincts, devenir ainsi violent, facteur de barbarie, anxieux de ce temps qui lui échappe, de ce sens de la vie qu'il ne comprend pas ?

TU DOIS DONNER UN SENS À LA VIE, c'est la façon première de faire face à la crise, et TU DOIS DONC SAVOIR QUE TU PRENDS PLACE – c'est ta responsabilité et ta fierté – DANS LA LONGUE ET HÉROÏQUE LIGNÉE HUMAINE.

12

Que ton ambition soit haute et noble

Mais quel rôle tenir dans cette lignée d'hommes ?

Et, plus simplement, QUE FAIRE DE TA VIE ?

La question se pose d'abord aux plus jeunes, à ceux devant lesquels la route s'étend dans toute sa longueur et qui n'ont pas même conscience du temps qu'ils ont à vivre, tout emportés qu'ils sont par le besoin de faire, d'affirmer leur indépendance.

Mais cette question se pose à tous les âges de la vie, dès lors qu'on est resté lucide. Celui que les années alourdissent doit s'interroger, comme le plus jeune.

QUE FAIRE ?

La question, d'ailleurs, se pose avec plus de force aujourd'hui qu'hier.

Quel que soit le coin d'avenir que l'on regarde, il peut paraître sombre. Et cependant, malgré ce ciel bouché et ces difficultés, laisse-moi te dire qu'il faut VISER HAUT.

Cela ne signifie pas que tu doives accéder à des postes élevés. Libre à toi d'envisager cela. TU DOIS

VISER HAUT pour ce qui concerne tes exigences personnelles. Ta personnalité, tes convictions, ton passé, ta mémoire, ce sont les biens les plus précieux dont tu disposes.

Faudrait-il que tu jettes tout cela par-dessus l'épaule pour vivre ? Vivre, dans ces conditions, est-ce que ce serait vivre ?

QUE TON AMBITION SOIT HAUTE ET NOBLE.

Cela exige que tu te donnes les moyens de cette ambition. D'abord, par la formation de ton caractère, tes habitudes de pensée, ta méthode de travail.

Cela signifie, je te l'ai déjà dit, que tu cherches à EXPRIMER TA PERSONNALITÉ plutôt qu'à imiter ceux qui t'entourent, à répéter ce que d'autres ont fait.

SI TON AMBITION EST HAUTE ET NOBLE, ALORS TU DOIS ACCEPTER D'EN PAYER LE PRIX. C'EST D'ABORD EN TOI QUE TU TROUVERAS LA RÉCOMPENSE.

Après, après seulement, et ce n'est même pas certain, viendront la reconnaissance et le bénéfice.

Tu dois savoir cela. Mais savoir aussi qu'UNE AMBITION HAUTE ET NOBLE, HUMAINE, EST L'UNE DES VOIES POUR ACCÉDER À LA PAIX AVEC TOI.

N'as-tu jamais rencontré des hommes et des femmes sans l'apparence de la réussite – ni fortune ni morgue – et, cependant, avec dans le regard la joie tranquille de ceux qui ont accepté d'être ce qu'ils sont, d'avoir ainsi été fidèles à leur être profond, d'avoir exprimé leur singularité ? Cela a pu leur coûter cher, en terme de réussite. Mais ils ont préféré l'accomplissement d'eux-mêmes à la servilité ou à l'abdication de leur personnalité.

Je te conseille ce choix, mais avec prudence. Car il faut que tu considères bien les risques pris. UNE AMBITION HAUTE ET NOBLE SUPPOSE UNE VOLONTÉ À SA MESURE.

Car tu affronteras des déceptions, tu auras parfois le sentiment de n'avoir pas su faire comprendre aux autres quelles étaient tes qualités.

J'ai un ami écrivain qui a choisi de n'écrire que les livres qui lui permettent d'exprimer ce qu'il ressent, ce qu'il pense. Il le fait sans concession, avec la certitude de ne pouvoir, de ne devoir pas choisir un autre style, d'autres sujets.

Parfois, quand je le rencontre, il m'arrive de percevoir chez lui, même si c'est fugitif, une insatisfaction. Il voudrait être reconnu à l'égal de ceux qui ont accepté de n'être que des fabricants, n'exprimant rien d'eux-mêmes, ou si peu, et réussissant ainsi à vendre leurs livres ; parce que l'industrie du livre recherche souvent ce qui est simple, facile d'accès. Un sandwich est plus simple à réaliser et à vendre qu'un plat longuement cuisiné. Et cela rapporte davantage. La nourriture toute faite, « rapide », cela existe aussi dans le domaine de la culture.

Mais je sais que la tristesse s'efface rapidement des yeux de mon ami l'écrivain.

AVOIR UNE AMBITION HAUTE ET NOBLE, C'EST ACCEPTER L'INCOMPRÉHENSION DES AUTRES.

L'autre voie est celle du reniement de soi. À quoi se réduirait alors ton rôle dans cette lignée des hommes ? Tu serais bien vite entraîné dans l'engrenage des compromissions. Et je sais où elles conduisent.

Tu as peut-être lu les œuvres de cet écrivain français, Albert Camus. Il a vécu cette époque sombre de la défaite, il y a plus d'un demi-siècle, en 1940, quand la lâcheté l'emportait partout. Écoute-le.

« La France vivait, écrit-il, sur une sagesse usée qui expliquait aux jeunes générations que la vie était ainsi faite, qu'il fallait savoir faire des concessions, que l'enthousiasme n'avait qu'un temps et que, dans un monde où les malins avaient forcément raison, il fallait essayer de ne pas avoir tort. Nous en étions là. Et quand les hommes de notre génération sursautaient devant l'injustice, on les persuadait que cela leur passerait. Ainsi, de proche en proche, la morale de la lâcheté et du désespoir s'est propagée... On gagne toujours en s'adressant à ce qui est le plus facile à l'homme et qui est le goût du repos. Le goût de l'honneur, lui, ne va pas sans une terrible exigence envers soi et envers les autres. Cela est fatigant bien sûr [1]. »

Médite ces phrases, car elles disent l'essentiel. Elles montrent aussi la responsabilité de chacun.

Si on a l'exigence d'être soi, si on a conscience de posséder cette richesse unique, le trésor singulier de son âme, à la fin des fins, le « goût du repos » est un mauvais calcul.

Que seras-tu si ton ambition n'est pas haute et noble ? Rien, sinon ce grain anonyme, et cela, même

---

1. Albert Camus, *Actuelles. Écrits politiques*, Idées Gallimard, 1977.

si, autour de toi, on s'incline devant ta réussite et on loue tes talents.

Tu porteras en toi cette insatisfaction de n'avoir pas exprimé ton être.

AIE UNE AMBITION HAUTE ET NOBLE, VISE HAUT, SI TU VEUX ÊTRE DIGNE ET SATISFAIT DE TOI.

13

Choisis de rester un humain riche de sa personnalité

L'AMBITION ?

Ton ambition... Que doit-elle être vraiment ? Te donner pour objectif une ambition haute et noble ne suffit pas...

Tu peux rêver de faire ton chemin vers les sommets de la société.

Pourquoi pas ? Ce sera une dure bataille, équivalente à une guerre de tous les instants. Il n'est plus cruelle lutte que celle pour le pouvoir. Et, accéder aux sommets, c'est vouloir conquérir le pouvoir.

Il en est ainsi dans l'entreprise comme dans l'univers politique. Le numéro 1 doit se battre pour s'imposer puis conserver son poste.

Pourquoi nier que cette ambition de pouvoir est l'une des plus répandues, qu'elle fait probablement partie d'une mémoire quasi biologique de notre espèce, comme de toutes les espèces vivantes. Il y a des « chefs » de horde partout dans le règne animal, des reines chez les abeilles et des leaders chez les gorilles ! Et on parle de « roi des animaux » à propos du lion mâle qui s'est imposé à son groupe.

Pourquoi condamner cela si cette passion pour le pouvoir, cette ambition est, elle aussi, « noble et haute », si le pouvoir n'est pas seulement façon de satisfaire la vanité, mais moyen de réaliser, au service des autres, ce qu'on a le sentiment d'être le seul à pouvoir faire ?

L'ambition, même celle qui vise le pouvoir, dès lors qu'elle est généreuse, et en un sens désintéressée, portée par des vues nobles, pourquoi la rejeter ?

Sache cependant qu'à chaque instant, si tu t'engages dans cette voie, tu seras confronté à des questions impossibles à esquiver si tu es honnête : quelle concession dois-je faire pour « avancer », et jusqu'à quel point dois-je céder de moi-même pour séduire ?

La réalisation de l'ambition exige en effet que l'on rassemble autour de soi des fidèles, des amis qu'il faut s'attacher parfois, en les remerciant par des avantages... Cela s'appelle la corruption.

Vais-je accepter de me renier, d'oublier qui je suis pour faire un pas de plus vers le pouvoir, ou pour mieux le conserver ?

Qu'adviendra-t-il de moi, de mon être, du respect que j'ai envers moi, si j'accomplis cela ?

En croyant me construire est-ce que je ne vais pas me détruire ? Et que restera-t-il de moi une fois mon ambition réalisée ?

TU DOIS MESURER LE PRIX DE TON AMBITION.

C'est à ce point, si tu es jeune, que tu dois bien considérer, avant de t'engager, qui tu es et ce que tu veux.

AVANT DE CHOISIR, DONNE-TOI LE TEMPS DE LA PENSÉE.

Et choisis toujours la voie de l'effort. Ne te contentes pas du plus brillant, du plus séduisant en apparence, du plus riche en satisfactions immédiates.

Laisse-moi te raconter cette histoire qui ressemble à une fable.

C'était une jeune fille de dix-sept ans, séduisante, grande, aux cheveux blonds. Elle était bonne élève et se trouvait en classe de terminale, s'apprêtant à passer les épreuves du baccalauréat.

Un jour, dans la capitale où elle habitait, elle fut interpellée dans la rue par un homme et une femme qui lui firent part de l'admiration qu'ils venaient de ressentir en la voyant. Ils étaient photographes dans une agence recrutant des jeunes gens pour « vendre » de nouveaux visages, de nouveaux mannequins.

Rien que de légal et de normal dans cette activité, rien de dangereux. Mannequin est un métier comme un autre.

La jeune fille, flattée, accepta de poser pour constituer un ensemble de photos qui permettrait de la présenter aux magazines, et de la vendre.

Rien de dramatique, je le répète, dans cette petite aventure. Les parents étaient réticents, mais que faire contre la volonté d'une jeune fille à quelques mois de sa majorité ?

Ils cédèrent. Ils eurent tort : résister est un devoir, et parfois l'on n'accepte que par lâcheté, pour obtenir « l'amour », espère-t-on, de ceux auxquels on a « cédé ».

La jeune fille devint mannequin ; un visage modelé au gré des besoins des magazines, des exigences du photographe et du couturier. On la vit sur des couvertures d'hebdomadaires et dans les pages en papier glacé. Elle prit l'avion souvent, d'une capitale à l'autre.

Ambition ? Réussite ?

Quelle part d'elle-même a-t-elle déployée dans cette ambition-là ?

Est-ce cela, être fidèle à ce qu'il y a d'humain en soi ? À cette filiation des hommes vieille des premiers temps ? Est-ce cela, une ambition haute et noble ?

On voit son visage, on connaît son nom d'emprunt, elle gagne de gros honoraires. Mais que représente une telle réussite ? Doit-on poursuivre une telle ambition ?

Certes, rien n'est jamais définitivement joué. Il y a, à l'intérieur même de ce choix, de multiples décisions à prendre, et chaque fois deux voies peuvent s'ouvrir : celle de la satisfaction immédiate ou, au contraire, celle qui vise plus loin, plus haut. La jeune fille déjà a dû choisir de refuser ou d'accepter certains types de photographies, certains types de relations avec ceux qui l'emploient.

Mais quelle sera sa capacité de résistance ? Elle a déjà fait le premier pas, qui l'a réduite à n'être qu'une apparence, qui a limité sa personnalité à un corps, à un sourire de commande, à une démarche calculée. Elle est devenue un objet de luxe exhibé devant les acheteurs.

RESTER UN HUMAIN COMPLEXE ET RICHE DE SA SINGULARITÉ, VOILÀ LA VÉRITABLE ET GRANDE AMBITION.

14

Respecte et garde l'enfance en toi

Choisir de demeurer un être humain singulier et complexe, ce n'est pas si facile, crois-le.

Chaque jour nous montre qu'il faut être habile et dur, que la survie s'obtient si l'on se transforme en une citadelle fermée et gardée, lançant parfois des coups de main, mais se repliant avec son butin à l'intérieur de ses murailles.

Qu'est-ce que l'époque ? Regarde-la avec lucidité, non pour te morfondre dans un pessimisme inutile, mais pour savoir à quel monde tu as affaire avant d'agir.

Le monde s'enferme dans une sorte de nouveau Moyen Âge. La peur s'installe dans les villes. Chaque immeuble a son code, chaque maison souhaite posséder son système de sécurité. Les vigiles se multiplient. C'est comme si, entre les tours fortifiées – maisons, quartiers, commerces –, s'étendait une zone franche que parcourraient des bandes errantes de pillards.

Il en est ainsi dans certaines grandes villes

américaines ou, déjà, dans les villes de l'ancienne URSS. Mais cette fermeture s'opère aussi à l'échelle des nations et des continents. Les pays européens veulent se fermer aux étrangers, se protéger des afflux de populations pauvres venues du Sud ou de l'Est.

Notre monde est, ainsi, fait d'îlots de sécurité.

Et chaque individu a lui aussi tendance à se refermer sur soi.

Qu'y a-t-il au bout de ce repliement ? La régression et la guerre, le durcissement de l'être, d'une certaine manière la mort de la personnalité, sa sclérose en tout cas.

SI TU VEUX RESTER UN ÊTRE HUMAIN, ABANDONNE LA PEUR ET GARDE EN TOI LA CONFIANCE.

Je ne dis pas qu'il faut se montrer imprudent. Je ne dis pas que l'agression ne représente pas un danger. Ni même que, face à des individus qui sont devenus des animaux à visage d'homme, il ne faut pas se défendre ni parfois attaquer.

J'ai appris, durant la guerre, à me défendre. J'ai vu des hommes, qui étaient des saints et des savants, refuser de croire à la nécessité de la bataille ou même de la résistance, et imaginer que le bon sens, la raison, la générosité l'emporteraient. C'est à la mort que les bourreaux les ont conduits.

Il ne faut pas s'offrir en victime au nom de la noblesse de l'être humain. Se défendre est un droit et même, quand tout un peuple est en jeu, un devoir.

Mais être humain signifie savoir que l'Autre est un homme. Et qu'on ne peut le traiter comme un objet ou un robot sous peine d'être soi-même réduit à cet état-là.

Et, sans doute pour sortir de la crise dans laquelle le monde s'enfonce, pour tenter d'empêcher que ce nouveau Moyen Âge ne se répande partout, faut-il empêcher cela, cette transformation de soi et des autres en « objets ».

TU DOIS GARDER EN TOI LA FAIBLESSE DE L'ENFANCE. TU DOIS SAVOIR RECONNAÎTRE EN L'AUTRE CETTE FAIBLESSE, ET L'ENFANT QU'IL A ÉTÉ.

Nous avons tous été des enfants sans défense, survivant grâce à la générosité des autres – parents, éducateurs –, grâce à l'amour que les adultes nous portaient.

C'est là, dans la relation que nous entretenons avec les enfants, que se révèle l'état de notre société.

Or que voit-on ? Partout, les enfants sont les victimes des hommes.

Ici, ils meurent de faim : et ce sont ces images déchirantes d'enfants africains au regard de vieillard, au corps décharné. Là, ce sont des enfants voués aux travaux les plus harassants – mines, tissage, agriculture, pêche – et promis à des morts rapides. Ailleurs, ce sont des enfants livrés à la prostitution. Et ailleurs, voués à ramasser comme des oiseaux les détritus sur les tas d'ordures. Et partout, pour survivre, conduits à la délinquance. Dans les rues de certaines villes, on les traque et les abat comme des animaux nuisibles.

Le sort que les hommes d'aujourd'hui réservent

aux enfants reflète aussi le traitement qu'ils infligent à l'enfant qu'ils ont été.

Adieu l'enfance, oubliées la faiblesse, la dépendance, mais aussi la curiosité, la faculté de s'émerveiller. Oublié le fait qu'avec le soir de la vie toutes ces choses vont revenir.

TU DOIS PRÉSERVER L'ENFANT QUI EST EN TOI. TU DOIS PRÉSERVER SA FAIBLESSE, SON ENTHOUSIASME, SA CONFIANCE.

Car l'enfant, comme s'il était l'image du monde humain, ne craint rien des autres, dont il attend tout, sans lesquels il ne pourrait vivre.

C'est donc nous, les adultes, qui le transformons à l'image de la société que nous avons fabriquée ou acceptée, en tuant en nous – ou en acceptant que l'on tue en nous – l'enfant que nous étions.

RESPECTE ET GARDE L'ENFANCE EN TOI.

Mieux vaut la faiblesse de l'enfant que la dureté vide et fragile de l'adulte inhumain.

15

Tes actes t'appartiennent et te suivent : ne te renie pas

N'ACCEPTE PAS DE TE RENIER.

Ta vie, depuis le premier instant, est une chaîne d'actes et de pensées, de rêves, de réussites et d'échecs. Il en est ainsi pour toutes les vies et il en est ainsi pour l'histoire des hommes depuis leur apparition sur notre planète.

Je ne dis pas que tu as toujours agi et pensé comme il le fallait. Tu as commis des erreurs et peut-être des actes que tu n'es pas fier d'avoir accomplis. Il en va ainsi pour nous tous.

MAIS TES ACTES T'APPARTIENNENT ET TE SUIVENT, ET LES REJETER COMME SI TU NE LES AVAIS PAS COMMIS NE SERT À RIEN.

Il t'est facile de dissimuler à tes propres yeux ou à ceux de tes proches d'aujourd'hui ton comportement passé. Rien ne t'oblige d'ailleurs à rappeler sans cesse ce que tu as fait.

Soit. Mais sache que ces actes sont en toi. Les renier, imaginer qu'ils vont s'effacer de ton passé parce que tu les passes sous silence est une illusion.

Tu es le fils de ta vie, le produit de ton enfance et de tes actions, la route derrière toi t'a conduit au point où tu es. Et tu dois accepter, assumer cela.

Il est un pédagogue suisse qui se nomme Pestalozzi. Cet homme sage, soucieux de l'éducation des enfants, ce philosophe qui a vécu au tournant du XVIIIe et du XIXe siècle, a écrit une phrase que mon ami l'écrivain Max Gallo cite souvent : « Tu peux chasser le diable de ton jardin, tu le retrouveras dans celui de ton fils. »

Je connais peu de pensées aussi profondes. Le philosophe suisse veut ainsi rappeler que tout notre comportement, même si nous voulons renier ce que nous avons été et surtout les aspects les plus sombres de notre vie, est déterminé par ce que nous avons fait. Et que si nous croyons nous libérer en « chassant le diable » de notre vie, il ressurgit à l'instant le plus inattendu, même chez nos descendants.

En effet, c'est seulement en regardant en face ce que nous avons réalisé – le bien comme le mal – que nous pouvons être lucide sur ce que nous sommes, et donc maîtriser notre destin.

REGARDE EN FACE CE QUE TU AS FAIT, ET TU POURRAS ALORS T'EN LIBÉRER.

Et sans te renier.

Le reniement est un mensonge. À toi-même et aux autres. Le mensonge est un cancer qui peu à peu se diffuse dans tout ce que tu fais, dans tous tes actes. Tu deviens un imposteur. Et tu es prisonnier de ce mensonge et de ce rôle.

Si tu appartiens à la foi catholique et que tu es un pratiquant, tu sais que l'un des moments forts, parmi les plus importants, des actions du croyant, est la confession. Beaucoup ont critiqué cette règle. Et rares sont ceux qui l'acceptent encore.

Libre à toi de te prononcer quant à cela. Ce que je veux t'expliquer, c'est que la confession, cette pratique séculaire, était la forme qu'avaient élaborée les hommes pour précisément ne pas se renier, accepter leurs actes, les dire, non pour les exalter, puisqu'ils pouvaient être condamnés s'ils étaient contraires aux commandements de l'Église, mais simplement pour les assumer, refuser, en somme, le mensonge.

Est-ce un hasard s'il existe aujourd'hui des milliers de psychanalystes fréquentés par des centaines de milliers de patients qui viennent confier leur vie, sortir leurs actes du silence de leur conscience, pour les raconter à quelqu'un afin de nouer ainsi en eux la chaîne de leur existence ?

Peut-être as-tu eu recours à ce traitement ou envisages-tu de t'y soumettre ?

Ce n'est pas à moi de te conseiller ou de te déconseiller un examen médical.

Si tu as la tentation de te « fuir », de « renier » ce que tu as été, de « te mentir », arrête-toi un instant. Pense à cette nécessité où certains se trouvent de s'en remettre à un psychanalyste.

POUR LE SOIN DE TON ÂME, L'AIDE PRINCIPALE, celle sans laquelle aucun traitement ne réussira, VIENT DE TOI.

Si tu veux atteindre l'équilibre qui te permettra de mener ta vie dans le sens qui te convient, ALORS NE TE RENIE PAS, SOIS TOI-MÊME. Tes actes et tes pensées te suivent. Rien ne sert de dissimuler ce qui est derrière toi. Tu le portes en ton être comme un tatouage incrusté sur ta peau.

Ce n'est une malédiction, un handicap que si tu t'obstines à le cacher.

TU NE PEUX VIVRE COMME SI CE QUI A EU LIEU N'AVAIT PAS EXISTÉ.

LA VIE EST SOUMISE À LA LOI DU TEMPS.

Tu es à chaque instant la somme de ce que tu as été.

Si tu es capable de « décomposer » cette somme en ses différents éléments, de savoir quels sont les termes et le total de l'addition, alors tu seras « libre ». Si tu te mens, te renies, tu te croiras peut-être libre mais seras en fait soumis et, au fond de toi, lié par ce passé que tu croyais avoir liquidé.

DIALOGUE AVEC TOI. CONFIE-TOI À TOI-MÊME. NE TE RENIE PAS. SOIS CLAIR AVEC TON PASSÉ.

IL EST CE QU'IL EST. IL EST TOI.

16

Tu dois décider, sinon d'autres décideront pour toi

DÉCIDE.

Il ne te suffit pas de lire ce livre ou d'autres ouvrages. Il ne te suffit pas de penser. Il faut agir, je te l'ai dit. Et cela signifie qu'à un moment donné, TU DOIS DÉCIDER. Apprends à décider.

Vois cet enfant d'une dizaine d'années. Il vient de recevoir de ses parents un vélo. Il est devant cette machine, enthousiaste et emprunté. Il voudrait rouler. Il ne sait pas. Il craint de tomber. On peut l'aider un moment, mais il se rend bien compte que cela ne suffit pas à lui donner l'équilibre. Il faut donc qu'il le trouve par lui-même. Il va s'y prendre à plusieurs fois, il va s'élancer, tomber, s'élancer encore et encore et, à chaque fois, il doit en prendre la décision.

Il est des personnes qui ne réussissent pas à décider. Elles ne savent pas acheter un livre, une veste, un service de table, un appartement. Elles ne savent pas dire oui à la personne qui leur propose de partager leur vie. Elles tournent autour de ce moment où il leur faudra faire le geste, dire la phrase qui les engageront dans une nouvelle phase de leur vie.

Il est des décisions de tous ordres. À chaque instant la vie nous oblige à choisir. Il est des petits actes anodins qui ne semblent pas être des décisions et, cependant, ils reflètent un caractère.

APPRENDRE À DÉCIDER EST UNE NÉCESSITÉ.

La décision, en effet, est une rupture. Il y a l'avant et l'après. Il faut, tu le sais, assumer l'acte qui suit la décision.

Et, certains, au bord de la décision, reculent, hésitent, tentent d'esquiver. Alors, ils sont soumis aux circonstances, aux autres.

SI TU NE DÉCIDES PAS, D'AUTRES DÉCIDERONT POUR TOI. SI TU N'AGIS PAS, TU SERAS « AGI ».

Il te faut donc décider.

Napoléon Bonaparte, que tu vois sur les gravures s'élancer, jeune général, sur le pont d'Arcole battu par la mitraille, avait coutume de dire : « On s'engage et puis on voit. »

Et, cependant, aucun homme ne préparait avec plus d'attention ses batailles.

Cela nous enseigne une vérité : on ne peut pas tout prévoir.

CELUI QUI VEUT MAÎTRISER TOUTES LES FACETTES DE LA RÉALITÉ SE CONDAMNE À NE PAS DÉCIDER.

Décider, c'est s'engager pour voir.

La décision est ainsi toujours un « pari ».

Il y a dans la décision une part d'instinct, d'intuition, de « flair ». Mais s'il n'y avait que cela, alors ta décision serait arbitraire.

Ton intelligence, ta réflexion, ta lucidité doivent être mobilisées tout entières par ta décision.

Tu dois savoir, cependant, que toutes ces qualités ne seront pas suffisantes, qu'il te faudra à un moment donné t'élancer dans le vide.

Tu peux sauter avec deux parachutes ou en chute libre. C'est toujours d'un saut qu'il s'agit.

Pour savoir bien décider, il faut l'avoir fait de nombreuses fois, posséder l'expérience de cette impulsion qu'est la décision, même dans les plus petits actes.

Tu ne dois pas opposer, dans la décision, l'intelligence, la raison et la lucidité, à l'intuition. L'INTUITION AUSSI EST LE FRUIT DE L'EXPÉRIENCE.

Chez le marin qui « sait » par tous les pores de sa peau que la tempête vient, que le vent pousse son navire sur les récifs, l'« intuition » n'est qu'un autre nom de « l'expérience ». L'expérience de ce trajet cent fois accompli, des épreuves affrontées, et ses gestes. Alors la décision tombe vite. Elle semble le simple fruit du « flair », de « l'instinct », alors qu'elle est née de la maturité.

Tout se rejoint : la vue d'ensemble, l'expérience, la rapidité à prendre une décision. Cela suppose que le caractère ait été formé à trancher et à assumer cette responsabilité qu'est le choix s'il engage aussi le destin des autres.

Dans l'apprentissage de la décision, tu ne dois négliger aucun de tes choix quotidiens.

La formation d'une personnalité, d'un caractère, est en effet un apprentissage de chaque jour. Cela suppose que tu parviennes à ne pas hésiter.

Le jour où tu auras une grande décision à prendre, toutes celles que tu auras eu le courage d'assumer, même si elles t'ont paru anodines sur le moment, te serviront. Comme un entraînement pour un champion.

La décision prise, à quoi te serviraient les regrets ?

Si tu es mécontent du choix que tu as fait, rien ne sert de te morfondre en lamentations. Analyse ton acte. Et essaie de voir comment tu peux en tirer parti. Il n'est pas de situation désespérée avant que l'on ait tenté toutes les possibilités. Et ce qu'une décision a produit, une autre décision peut non pas l'effacer – un acte est un acte – mais en corriger les effets.

La vie est bien ainsi une chaîne d'actes, de choix, de décisions. La plupart des hommes se laissent emporter par un courant qu'ils ne maîtrisent pas, qu'ils ne veulent même pas connaître.

Écoute la radio, lis les journaux : mesure la place laissée aux horoscopes, au rôle des astres sur le destin des hommes et des femmes. À en croire les auteurs de ces rubriques, astrologues de tous genres, ton sort serait inscrit, jour après jour, en fonction de l'heure, du lieu et du jour de ta naissance.

Il s'agit là, je crois, d'une attitude magique, consistant à imaginer, à partir de petits faits réels, des conséquences générales, bien au-delà de ce qui est possible.

C'est en tout cas ce que je pense, et ce que je te conseille de méditer.

Même si tu crois qu'un enfant né au mois d'août

dans la chaleur solaire n'aura pas le même caractère qu'un autre né dans les rigueurs de l'hiver – et après tout, ce n'est pas impossible –, tu sens bien que l'important n'est pas cette donnée – invérifiable –, mais la façon dont on l'utilise.

C'EST À TOI DE DÉCIDER CE QUE TU VAS FAIRE DE TA VIE.

Et cette décision est une somme de petites décisions qui t'engagent, même si tu ne t'en rends pas compte.

TOUT A UN SENS DANS UNE VIE, TU DOIS LE SAVOIR. TOUTE DÉCISION S'INSCRIT DANS UNE CHAÎNE DE DÉCISIONS.

Tu dois savoir que c'est à chaque instant qu'une vie se gagne ou se perd. Apprends à décider en ayant conscience de cela.

17

Il faut que tu sois plein de joie et d'enthousiasme

Peut-être crains-tu, après avoir lu ces pages, que la vie ne soit pour moi – et pour toi, si tu appliques mes conseils – qu'une suite de devoirs et non ce jaillissement d'enthousiasme sans lequel il n'y a pas d'élan.

Tu te trompes. La vie – ta vie – doit être ÉLAN, JOIE, DYNAMISME. Et cela jusqu'au bout. Car ces dispositions ne sauraient être le privilège de la jeunesse. Comme s'il n'y avait plus après trente ans que morosité, ennui, obligations.

À CHAQUE ÂGE DE LA VIE, L'ENTHOUSIASME DOIT ÊTRE PRÉSENT, MÊME S'IL CHANGE DE NATURE.

Sais-tu qu'en grec, le mot *beauté* se dit comme le mot *moment* ? À l'origine de notre civilisation, il y a donc l'idée que la beauté – et c'est avec elle que l'on conjugue élan, joie, dynamisme, jeunesse – existe à tous les moments de la vie.

Il faut retrouver cette façon de voir les choses, en finir avec cette manie d'identifier la jeunesse à l'énergie, à l'optimisme et à la beauté pour priver de ces qualités ceux qui n'ont pas l'apparence de la jeunesse.

Il y a là une duperie et une angoisse.

Duperie parce que la jeunesse ne se voit pas, ne se vit pas comme cela : elle est souvent un âge d'incertitude et d'inquiétude.

Comment trouver sa place dans le monde social, dans cet univers où les emplois sont de plus en plus rares ? Comment devenir adulte ?

D'ailleurs, cette duperie de la jeunesse comme âge d'or est démentie par les faits : ce sont les jeunes qui se droguent et ce sont les jeunes qui se suicident.

Alors, pourquoi ce mensonge ? Parce que notre société a coupé les liens avec les valeurs profondes, qu'elle a choisi l'instant contre la durée, l'instantané contre la mémoire. Et cette société où l'angoisse est partagée par des millions de personnes, veut refouler l'idée et l'image de la mort.

Cette « mort » si présente – c'est le sida, c'est la guerre à nos portes –, nous nous bouchons les oreilles et les yeux pour l'ignorer. Nous préférons voir les affiches publicitaires où s'étalent les corps de la jeunesse.

Mais en cette fin de siècle, le réel grimaçant déchire partout les affiches dont on cherchait à le recouvrir.

Peut-on encore se montrer enthousiaste, joyeux, alors que le bateau-terre coule peut-être ? Faut-il continuer de jouer comme l'orchestre du *Titanic*, jusqu'au bout ?

Il le faut : L'ÉLAN, L'ENTHOUSIASME, LA JOIE SONT L'OXYGÈNE DE LA VIE.

Il y a dans l'élan qui soulève le corps et l'âme, quelque chose qui appartient à l'instinctif, au biologique. On ne doit pas négliger cette réalité-là.

Tu dois faire en sorte que ton corps fonctionne : tu dois dénouer ce corps, l'oxygéner, lui donner de l'exercice.

Tu ne pourras trouver l'enthousiasme et garder l'élan que si ton corps reste en mouvement. Mais ce n'est là qu'un préalable.

Le corps et l'âme sont liés et seule une certaine attitude morale dans la vie te procureras l'énergie d'entreprendre ces exercices.

Si tu as choisi de te laisser glisser au gré des courants, si tu as abandonné le souci de veiller à ton apparence, alors tu ne sauras pas faire de ton corps un allié.

UN HOMME EST CELUI QUI NE DISSOCIE PAS L'ÂME DU CORPS. C'est à cette condition seulement que tu seras entraîné par le souffle d'une joie vitale.

Pour garder l'enthousiasme, IL FAUT QUE TU SOIS OUVERT SUR LE MONDE, SUR SON MOUVEMENT.

Réfléchis ! Comment connaître la joie et la paix, si tu demeures un « individu » isolé, qui a tranché les liens avec le passé des hommes, qui ne se rattache à aucun idéal, aucune foi donnant un sens à l'aventure humaine ?

Si tu as le sentiment d'être seul, si tu crois que la vie, ta vie, commence avec toi et finit avec toi, alors tu ne peux connaître que le pessimisme ou le cynisme. Tu trouveras dans la force, dans la lucidité, dans la tension, une sorte de plaisir amer, plein de rancœur et de colère, de frustration et, presque, de désir de vengeance. Tu auras l'énergie, peut-être, mais ce sera la rage de ne pas pouvoir aller au-delà des limites de ta vie.

Dans presque tous les cas, cette attitude conduit à la violence.

Sans doute y a-t-il quelques sages qui, convaincus de la solitude de l'homme, acceptent cette situation avec un esprit de soumission. Mais la joie ne peut les habiter, ni l'élan.

Tu ne rencontreras la joie et l'élan, je te l'ai déjà dit, que si tu as le sentiment de te situer dans l'histoire des hommes, de représenter un moment unique de cette histoire.

Tu peux, si tu ne crois pas en Dieu, te sentir partie prenante de l'histoire des hommes et responsable d'elle, parce que tu la revendiques pleinement, en conscience. Cela te donne de l'élan, t'impose des devoirs et des valeurs à respecter, précisément par cette participation qui fait de toi un acteur engagé.

Si tu éprouves la foi, tu auras, cela va de soi, le sentiment de représenter un moment de l'histoire des hommes, et même de l'histoire de l'univers.

SE SENTIR UN ÉLÉMENT DU MONDE ET DE L'HISTOIRE : ÊTRE EN HARMONIE AVEC LA DESTINÉE HUMAINE, VOILÀ LA CONDITION D'UNE VRAIE ET PROFONDE JOIE HUMAINE.

TROISIÈME PARTIE

Si tu veux diriger la flèche,
ne pense pas seulement
à la corde de l'arc,
mais aussi au vent

Un homme et les vagues

La côte provençale, dans la région de l'Esterel, est rouge sang, et découpée comme une dentelle en de petites criques, des rochers acérés que l'écume des vagues ourle d'un liseré blanc.

Il m'est arrivé souvent – ou plutôt, jadis, il m'arrivait souvent, car le temps me manque aujourd'hui – de longer la route qui surplombe ces caps et ces baies, émerveillé par ce paysage à la fois sauvage et attirant. Quand la mer est calme, il semble que la terre soit sertie dans l'étendue bleue, et l'on aperçoit les fonds verts. Mais il faut se méfier de la Méditerranée. Le vent peut se lever très vite.

Un jour de septembre, alors que je rentrais chez moi au Tanneron, roulant sur cette route en lacets, je fus ralenti par un embouteillage et contraint de me garer sur le bas-côté de la chaussée.

La mer battait furieusement les rochers et des gens gesticulaient au bout de l'un de ces petits caps, se retirant précipitamment quand les vagues déferlaient. Je les rejoignis, et j'aperçus alors, à quelques brassées des rochers, un homme qui battait désespérément des bras. Il paraissait être un excellent nageur, et portait une combinaison de plongeur, mais peut-être avait-il été frappé par une crampe musculaire, ou s'était-il affolé.

Il tentait en vain d'aborder malgré les cris des témoins qui lui conseillaient de se tenir éloigné du flux et reflux des vagues. Il se laissait au contraire porter par la vague vers le rocher, s'y agrippait et, au moment où l'on se penchait vers lui pour le saisir, il était aspiré par le reflux et submergé, emporté au large, où il reparaissait.

Il recommençait quelques minutes plus tard, mais on sentait bien que ses forces déclinaient.

Sur le cap, c'était aussi l'affolement : chacun hurlait et, en même temps, je reconnaissais ce goût des hommes pour le spectacle : on assistait, on participait, on criait, mais on n'agissait pas.

On avait averti les services de secours. On attendait une vedette des pompiers. On parlait de jeter une corde.

Je me suis tenu en retrait. Je nage mal. Que servait de se mêler à cette bousculade ? Mais j'étais oppressé.

Un homme vigoureux, d'une trentaine d'années, a commencé à se déshabiller près de moi. Ses gestes étaient précis. Il ne parlait pas. Il a même pris le temps de mettre ses vêtements en tas. Il émanait de son attitude une impression de calme et de force. Je lui ai touché l'épaule, et il m'a souri.

« Soyez prudent », ai-je dit.

Il s'est écarté du groupe, et je l'ai suivi. Il a

longuement observé le mouvement de flux et de reflux des vagues.

Les gens, au bout du cap, criaient : « Courage, courage » au nageur.

Ils lui prodiguaient des conseils. Ils lui expliquaient que les pompiers étaient en route, qu'il devait rester au large. Mais le nageur paraissait ne pas entendre, ou bien la panique l'avait saisi, et il recommençait ses tentatives pour aborder qui ne pouvaient se solder que par un échec, un épuisement plus profond ou, pire encore, il pouvait être projeté sur les rochers et noyé.

Tout à coup, on a vu, doublant le petit cap, un nageur. C'était l'homme que j'avais vu se déshabiller. Il avait plongé, profitant du reflux, et, maintenant, il nageait au large, loin derrière le nageur en difficulté qui, lui, essayait toujours de se rapprocher des rochers, attiré par ce qu'il imaginait être le salut, cette terre qui en fait était un piège.

Sur le cap, tout le monde s'est tu. On montrait le sauveteur du doigt, on le voyait avancer, s'enfoncer, sans que sa tête ne fût recouverte, en même temps que la houle, puis reparaître sur la crête d'une nage lente et puissante.

Il a crié à l'homme qui était en difficulté de le rejoindre, mais, un moment hésitant, l'homme désespéré a repris sa nage vers le cap et, une fois de plus, il a été poussé puis rejeté. Un moment, nous avons vu ses bras en sang.

J'ai eu le sentiment qu'il ne pourrait plus longtemps survivre, et sans doute le sauveteur a-t-il eu la même impression. Je l'ai vu nager rapidement vers l'homme qui se noyait, porté par les vagues. Il l'a saisi par les cheveux, puis l'a collé contre lui. Il m'a même semblé qu'il lui donnait un coup de poing ou une gifle au visage, sans doute pour le calmer, et, avec une énergie aussi grande, il a vite reculé, s'éloignant de la côte, gagnant le large, restant immobile tout en soutenant l'homme affaibli qui se laissait maintenant aller et dont on n'apercevait plus que la tête hors de l'eau, appuyée à l'épaule du sauveteur.

Ils restèrent ainsi, peut-être une vingtaine de minutes, soulevés par les vagues, mais jamais entraînés par elles et, peu à peu, j'aperçus l'homme en difficulté qui semblait reprendre confiance, jusqu'à se détacher de son sauveteur et rester près de lui, à la crête des vagues.

Peu après, un bateau de la protection civile apparut et les deux hommes montèrent à bord salués par les cris des spectateurs qui se dispersèrent rapidement, puisque le spectacle avait pris fin.

Je restai là, assis près des vêtements de l'homme qui avait plongé, regardant la succession des vagues de plus en plus violentes et je fus même contraint de reculer pour me mettre à l'abri des rafales d'embruns qui étaient projetées avec force sur tout le cap.

J'attendis une heure environ, puis une voiture de pompiers s'arrêta sur le bord de la route, et le sauveteur en descendit, marchant jusqu'à moi, surpris que je sois resté là. Il se mit à rire.

« Pas de noyé, plus de spectateurs. Vous êtes resté après le baisser de rideau », dit-il.

Je le félicitai pour son courage, sa détermination. Il haussa les épaules. Il avait simplement regardé le mouvement des vagues et apprécié leurs forces. Le nageur, lui, s'était affolé, obsédé par l'idée de prendre pied au plus tôt, sans se rendre compte que le salut était, au contraire, loin du rivage.

« Un peu de réflexion », dit-il en souriant.

J'ai hoché la tête.

La maîtrise de soi suppose qu'on *chasse la peur* et qu'on se souvienne de ces mots qui me sont venus à ce moment-là, sur cette côte rouge battue par le vent et les vagues : « Si tu veux diriger la flèche, ne pense pas seulement à la corde de l'arc, mais aussi au vent. »

18

Il te faut comprendre le monde

Laisse-moi me souvenir. Non pas pour te raconter ma vie. J'en ai déjà fait, ailleurs, le récit. Il faut cependant que je te communique mon expérience. Car je sens monter des menaces, et tu les sens aussi.

Je vais te parler d'abord d'un écrivain autrichien, l'un des plus grands, Stefan Zweig. Il était juif. Il réussit à fuir au moment où les nazis entraient à Vienne. Et puis, réfugié en Amérique latine, à l'abri, mais presque seul, il se suicida.

Il m'arrive souvent de penser à cet homme, à son désespoir humain, au fait que dans ce creux de la nuit, en 1942, il n'eut plus la force de vivre, lui, l'un des meilleurs, l'un de ceux qui avaient cru au progrès parmi les hommes. Il voyait s'avancer de façon inexorable, jugeait-il, cette marée noire de la barbarie.

Je ne voudrais pas que toi aussi, devant la montée des flots de la haine, l'aggravation de la crise, tu sois pris par ce doute sur l'homme, sur l'humain.

IL FAUT QUE TU CONSERVES L'ÉNERGIE ET LA FORCE

DE RÉSISTER. Et pour cela, IL FAUT COMPRENDRE LE MONDE.

Car le désespoir vient quand, à la vague sombre du pire, dans un moment de solitude, on ne distingue plus comment éviter d'être submergé.

Et c'est ici que, pour comprendre le monde en crise, il faut se souvenir.

Je me souviens que nous vivions en paix.

Je me souviens que nous n'imaginions rien du « pire ».

Je me souviens qu'on nous « marqua » d'abord. La vie continuait, ce n'était qu'un brassard qu'on nous forçait à porter, ce n'était que des coups que nous recevions. Peu de choses, n'est-ce pas, pensaient certains.

Je me souviens qu'on nous isola derrière un mur. La vie reprit derrière ce mur. Ce n'était pas la mort, imaginait-on, on pouvait aussi supporter cela.

Je me souviens qu'on commença à embarquer dans des trains des milliers d'entre nous. Mais c'était « les autres ». On pouvait encore survivre. Et dans les camps où l'on conduisait les « raflés », se disait-on, la vie était possible. Très dure peut-être, mais enfin, c'était la vie.

De l'autre côté du mur, les autres, ceux qui n'avaient pas été marqués, continuaient à vivre.

Quand, derrière notre mur, nous comprîmes qu'on voulait nous exterminer, nous nous battîmes, seuls.

Mais il était bien tard.

Nous avons lancé un cri. Mais, de l'autre côté du mur, ils se disaient qu'après tout cette bataille nous concernait, nous, mais pas eux, les gens qui continuaient de vivre.

Et puis, ce fut leur tour.

Voilà comment ça s'est passé.

J'ai retrouvé sous la plume de Stefan Zweig une analyse parfaite de ce que j'ai vécu, et qu'il a vécu aussi. Et elle nous aide à comprendre le monde.

« Ils appliquaient, écrit-il, leurs méthodes avec prudence : on procédait par doses successives, et on ménageait une petite pause après chaque dose. On n'administrait jamais qu'une pilule à la fois, puis on attendait un moment pour voir si elle n'avait pas été trop forte, si la conscience universelle supportait encore cette dose. Et comme la conscience européenne, pour le malheur et la honte de notre civilisation, soulignait en toute hâte que cela ne la concernait en rien, puisque aussi bien ces actes de violence se passaient " de l'autre côté de la frontière ", les doses se firent de plus en plus fortes, jusqu'à ce qu'à la fin toute l'Europe en pérît [1]. »

Or, que voyons-nous sur notre terre européenne, aujourd'hui, sinon la répétition d'actes semblables, que nous acceptons les uns après les autres ?

À moins de deux heures d'avion, on viole et on tue. Des actes racistes se produisent, et ils sont meurtriers. Des millions d'hommes et de femmes sont sans travail, en proie à la misère. À l'autre bout de la terre, des enfants sont aussi assassinés, d'autres travaillent comme des esclaves. Mais nous continuons à vivre comme si rien ne se passait.

---

1. 1. Stefan Zweig, *Le Monde d'hier, souvenirs d'un Européen,* éd. Belfond, 1986.

Certes, nous sommes angoissés, mais nous avons le sentiment que tout cela ne nous concerne pas vraiment. Un mur, imaginons-nous, nous protège – Stefan Zweig disait : « l'autre côté de la frontière ». Nous nous croyons à l'abri, sans nous rendre compte que la vague enfle, que le flot monte.

SI TU VEUX EMPÊCHER LA CRISE DE S'AMPLIFIER, IL FAUT LA COMBATTRE À CHAQUE INSTANT, EN TOI ET HORS DE TOI.

Mais qu'est-ce que la crise en moi, interrogeras-tu ? C'est le fait de se replier, de ne pas vouloir comprendre ce monde, de ne pas même vouloir regarder, et entendre les cris de détresse de tous ceux qui souffrent.

Vivre debout en temps de crise, c'est d'abord ne pas accepter la crise, ne fût-ce qu'en esprit. Refuser d'admettre que ce qui se produit est « normal ». Refuser ces petites doses qui peu à peu nous empoisonnent sans même que nous nous en rendions compte, nous anesthésient à la souffrance et au malheur des autres.

Or nous sommes menacés. Aucun mur n'est un abri. Si nous laissons des enfants être exploités ou martyrisés, ce sont les nôtres qui le seront demain. Pas d'abri. Pas de protection. La violence, la haine, le racisme, l'injustice, l'inégalité, sont des virus qui se répandent. Ce sont ces virus-là qui créent la crise.

À CHAQUE INSTANT, EN TOI ET HORS DE TOI, SE JOUE LE DESTIN DU FUTUR.

Il ne faut rien accepter qui te paraisse inhumain,

car chaque fois que l'inhumain gagne du terrain, même sur un point qui ne te concerne pas, qui peut sembler secondaire, c'est une défense contre la barbarie qui est détruite, c'est une digue qui est ébranlée, ébréchée. Et c'est le flot qui monte.

Nous en sommes là.

Nous nous sommes contentés d'être des spectateurs silencieux, ou bien nous nous sommes émus quelques instants seulement, avant de reprendre notre vie, comme si de rien n'était.

Il faut comprendre que LE MONDE EST UN ÉTERNEL AFFRONTEMENT ENTRE LES FORCES DE L'HUMAIN ET DE L'INHUMAIN.

Le devoir d'un homme humain – ton devoir, donc –, c'est de PRENDRE PARTI POUR L'HUMAIN, de ne pas accepter l'accoutumance à la violence, à l'inhumanité.

Et pour cela, il faut ORDONNER LES ÉVÉNEMENTS, tenter de trouver LES LIENS QUI LES UNISSENT, NE PAS SE CONTENTER DU SPECTACULAIRE DES IMAGES.

La télévision fait de nous – de toi – des voyeurs blasés. Une vision chasse l'autre. Comment l'indignation et la compréhension seraient-elles possibles quand, dans un journal télévisé, trois ou quatre minutes sont accordées à des faits que rien ne relie et qui composent « l'actualité » ?

Quel fil d'Ariane entre une finale de coupe européenne de football et la mort d'un enfant à Sarajevo ?

Quel lien logique entre la météo qui ferme le journal – ou qui l'ouvre, selon les éditions – et la conjoncture économique ?

Aucun.

Mais tout cela est déversé sur toi, dans un ordre apparent. Ainsi, le puzzle semble reconstitué alors qu'il est jeté en désordre.

Rien n'est fait – ou si peu – pour t'aider à comprendre le monde et donc te permettre de résister à la crise.

C'est donc par toi-même que tu dois tisser la trame, et il faut pour cela faire un effort d'intelligence, il faut te forcer à analyser, à chercher les causes.

IL FAUT T'ENGAGER AVEC L'INTELLIGENCE DE TON ÂME DU CÔTÉ DE L'HUMAIN.

Et si tu saisis le lien, alors tu pourras en toi combattre le désespoir car, si tu as compris, tu pourras agir, pour élever les digues qui te permettront de contenir la crise.

19

Le monde, c'est ton affaire aussi

À la fin de ses *Souvenirs d'un Européen*, dont j'ai cité un passage au chapitre précédent, Stefan Zweig écrit – ce sont les dernières lignes de ce livre, qui est son testament : « Mais toute ombre, en dernier lieu est pourtant aussi fille de la lumière et seul celui qui a connu la clarté et les ténèbres, la guerre et la paix, la grandeur et la décadence, a vraiment vécu. »

Je retiens de cette conclusion ce qui est finalement un regard positif, lancé du fond de l'abîme par un homme qui a choisi de mourir. Oui, il y a un lien entre l'ombre et la lumière et, dans notre monde en crise, il faut faire LE PARI DE L'OPTIMISME. Mais ce ne doit pas être un souhait aveugle.

L'OPTIMISME, C'EST LA PENSÉE ET L'ACTION.

Tu ne dois pas rester inactif. T'ouvrir au monde : savoir ce qui se déroule, comprendre, établir les liens. Ne pas laisser le temps te filer entre les doigts sans que tu sèmes un savoir, une idée, un projet en toi, sans que tu n'entreprennes une lecture, un stage, une démarche. Souviens-toi de ce que je t'ai déjà dit : les batailles ne sont perdues sûrement que pour ceux qui ne les livrent pas. Les portes ne sont fermées qu'à ceux qui renoncent à les ouvrir. C'est cela la leçon de la crise.

Ne te désespère pas : chaque génération a son lot de difficultés. Tu connais les tragédies que j'ai vécues. Et je suis là. J'ai des enfants. J'entreprends. Je suis tourné vers l'avenir.

SACHE QUE L'ÉNERGIE NAÎT DE L'ÉNERGIE, QUE L'OPTIMISME SÉCRÈTE L'OPTIMISME.

La crise doit être pour toi une source d'énergie et de volonté.

Il y a sur les rivages des vagues déferlantes, et l'on voit souvent des jeunes gens se jeter dans les rouleaux puis se laisser porter, enveloppés par l'écume. Face à la crise, tu dois montrer cette AUDACE.

Tu as les moyens de réussir, malgré la crise. Mais il faut que tu mobilises LES FORCES DE LA VIE QUI SONT EN TOI.

Or, nous autres Européens – et il en va de même dans la plupart des pays riches – avons perdu l'habitude de l'effort et de la volonté.

Je ne dis pas qu'il faut en revenir aux attitudes des siècles passés. Mais souviens-toi : les Européens, il y a cent ans encore, comme aujourd'hui la population des nations pauvres, disposaient de faibles ressources ; on exigeait de leur part un travail intensif. Leurs droits étaient limités.

Un siècle durant, les hommes, malgré les guerres, les moments de barbarie, se sont rassemblés pour obtenir des avantages, une vie plus facile. Ils y ont, dans nos pays, réussi.

À l'époque où nous vivons, les avantages acquis sont peu à peu repris, abolis. Et devant cette évolution rapide, nous sommes démunis.

Nous avions l'habitude de trouver facilement un emploi, d'obtenir des soins médicaux gratuits, nous savions que la retraite était assurée par le versement de pensions. Depuis un demi-siècle, nous considérons ces avantages comme inaliénables...

Eh bien, non! La crise, c'est la remise en cause de tout cela.

Je ne suis pas économiste ni sociologue, encore moins politicien, mais je comprends – et tu comprends – que si quelque part à la surface de notre terre des hommes travaillent – avec intelligence – pour un salaire équivalent à cinquante fois moins que celui qui est perçu ici, le chef d'entreprise va faire fabriquer dans ces pays lointains les produits qu'il revendra ici.

Ou qu'il espérera revendre : car si ses ouvriers sont devenus chômeurs, qui achètera les téléviseurs, les voitures et même les chaussures ? Nous sommes ainsi entrés dans le cycle d'une crise profonde.

Tu dois retrouver le goût de l'effort et de la volonté. Non pour travailler au même tarif que le salarié d'Asie ou d'Afrique, mais pour inventer de nouvelles formes d'organisation du travail, de nouvelles techniques.

TU DOIS T'ADAPTER AU MONDE D'AUJOURD'HUI,

parce qu'il offre aussi, si tu le veux, une place pour toi.

Ce ne sera pas facile. Tu recevras, comme le nageur qui bondit dans la vague, une pluie de galets, tu seras secoué, tu perdras le souffle. Mais SI TU AS L'OBSTINATION NÉCESSAIRE, TU SORTIRAS LA TÊTE DE L'EAU.

Le monde en crise est plein d'issues. À toi de les trouver, de les créer. ÉNERGIE, INVENTION, DÉTERMINATION, voilà les qualités que tu dois montrer.

Mais tu dois savoir aussi, parce que tu dois comprendre le monde, qu'il ne saurait y avoir d'issue à la situation actuelle sans de profonds changements.

Tu es solidaire des hommes, que tu le veuilles ou non, et ton sort dépend aussi de ce qui arrive aux autres.

Le monde peut-il continuer ainsi, quand les quatre cinquièmes de la population mondiale sont privés du nécessaire ? Quand les champs sont chez nous mis en friche et que la famine tue en Afrique ?

L'équilibre économique peut-il se trouver quand existent de tels déséquilibres sociaux entre des foules d'hommes sans travail et d'autres qui vont le perdre ?

Le monde peut-il être à la merci de ces spéculateurs qui préfèrent jouer avec des milliers de milliards de dollars plutôt que de les investir dans la production de biens nécessaires aux hommes ?

Je ne dis pas que tu dois ou peux résoudre ces questions, mais c'est ton devoir humain que de connaître ces enjeux et d'avoir à leur sujet une opinion, car ces problèmes te concernent, ils concerneront tes proches, tes enfants.

Tu dois aussi les poser afin que d'autres avec toi les considèrent, et de plus en plus. On ne peut laisser les événements se dérouler sans que personne n'intervienne vraiment, et attendre du chaos la remise en ordre.

Si les hommes ne se mêlent pas de ces affaires-là, restent sans opinion sur l'organisation du monde, alors un petit nombre de puissants décide pour eux, dans le sens de ses intérêts.

TON ÉNERGIE FACE À LA CRISE doit être LE MOYEN DE T'EN SORTIR et aussi le moyen d'EXIGER UNE AUTRE ORGANISATION DU MONDE, plus conforme à l'intérêt des hommes.

Nous avons atteint un tel niveau de connaissance que nous pouvons apporter beaucoup à notre terre, mais les forces de mort et de barbarie l'emportent, et non les forces d'harmonisation du monde.

SOIS DE CEUX QUI PÈSENT DANS LE SENS DE L'HUMAIN.

NE RESTE PAS EN DEHORS DE LA SOCIÉTÉ. TU DOIS AVOIR UN AVIS. TU DOIS CHOISIR.

LE MONDE, C'EST TON AFFAIRE AUSSI.

20

Cherche l'équilibre entre toi et le monde

Je ne connais pas cet homme : il se nomme Bruce Harris. Il est chargé d'un « programme latino-américain d'assistance », une organisation non gouvernementale qui a pour but d'apporter de l'aide dans les pays sous-développés du sud du continent américain.

Il a écrit une lettre pleine d'émotion, et je l'ai reçue par l'intermédiaire d'amis d'une autre association, l'Action des Chrétiens pour l'Abolition de la Torture (ACAT).

Ce que Bruce Harris raconte, d'autres pourraient le raconter aussi, et des milliers, des dizaines de milliers d'enfants subissent ce que révèle Bruce Harris.

« Je regrette, commence-t-il par dire, si le ton de cette lettre semble excessif, mais je suis absolument fou de colère : comment, au nom du ciel, peut-on faire des choses comme cela à un enfant ? C'est la torture ! »

Il raconte le sort d'un « enfant des rues » – comme il en existe tant, sans domicile, sans papiers, sans nourriture –, Julio Cesar R., arrêté par la police, à Guatemala City, et sur lequel un policier a pratiqué la torture, sans autre raison que de faire souffrir, que de détruire. Vingt-neuf fois, cet enfant a été profondément brûlé avec une cigarette, appuyée sur le bras gauche, puis sur chacun de ses doigts.

Bruce Harris joint à sa lettre les photos de cet enfant. « Si vous êtes aussi furieux que moi, alors s'il vous plaît, faites quelque chose. Prenez votre plume... »

J'ai pris la plume, puisque je vous raconte ce fait. Puisque je vous demande, à votre tour, d'être conscient de ce qui se produit ainsi des centaines de fois par jour. Et je le redis, parce qu'il faut le marteler, chaque jour des enfants des rues sont abattus par des policiers, simplement parce qu'ils n'ont pas de domicile et qu'ils commettent de petits larcins.

Si nous n'y prenons garde, cette manière de faire va s'étendre et s'installer.

Je sens monter des tensions. La crise économique provoque ces comportements barbares.

On cherche un « bouc émissaire ». On a peur de l'Autre.

C'est un Moyen Âge barbare qui va renaître si nous ne réagissons pas. Peut-être plus barbare encore que celui de l'an mille, parce que la foi a reculé, et que les bourreaux ne craignent même plus le châtiment de Dieu.

Au Moyen Âge, un homme poursuivi pouvait se réfugier dans une église. Ses poursuivants n'osaient entrer dans ce lieu sacré, ou alors ils encouraient l'excommunication. Qui, aujourd'hui, s'arrête sur le seuil d'un lieu de culte ?

En Amérique latine, on a assassiné les prêtres et les évêques pendant qu'ils officiaient, et leur sang a teinté l'autel.

Tu ne dois pas accepter cela, ce retour de la barbarie. Même si elle ne se produit pas devant ta porte.

Il existe de très nombreuses associations – souvent d'origine religieuse – qui essaient d'organiser des protestations, ou des secours à ces populations livrées à la bestialité des hommes. Car c'est bien de cela qu'il s'agit.

TU NE PEUX RESTER HUMAIN QU'EN ÉTANT SOLIDAIRE DE CEUX QUI SONT LES VICTIMES DES ANIMAUX À VISAGE D'HOMME.

Cet acte de solidarité commence tout simplement par un acte de « connaissance » et « d'information ».

TU DOIS CONNAÎTRE CE QUI SE PASSE DANS LE MONDE.

Parce que le repliement sur soi est le début de l'égoïsme et la voie de la lâcheté.

« Je ne veux pas voir, je ne veux pas savoir. »

Nous refusons, au début, de connaître ce qui se passe à des dizaines de milliers de kilomètres. Puis à des centaines. Puis dans notre ville. Puis dans notre quartier. Puis dans notre rue. Puis dans notre immeuble. Puis sur notre palier. Puis dans notre appartement même.

Ce processus de l'égoïsme et de la lâcheté, il est inéluctable. Ou tu en refuses le principe dès le début et tu es solidaire de l'enfant guatémaltèque torturé par un policier, ou tu l'acceptes et, sache-le, tu accepteras de voir un jour l'un de tes proches malmené, sans réagir. Parce qu'il y a toujours de bonnes raisons à la passivité, à l'attente. Dose après dose, comme disait Stefan Zweig, l'Europe a accepté dans les années trente de se laisser dominer.

Qui dit qu'aujourd'hui cela n'a pas déjà commencé ?

Qui dit que nous n'avons pas déjà trop accepté d'inégalité, d'injustice, de barbarie ?

Parfois, je le crains ; et parce que je me refuse à cette évolution, je t'écris et je bâtis l'Arche du Futur.

Ne te laisse pas aller au pessimisme. Il te terrassera. Agis, rejoins ou crée une association. Il en existe des milliers. Dans l'Arche du Futur, tu trouveras aussi un lieu pour réfléchir et te former.

Car t'indigner ne suffit pas.

Mais ne te lance pas dans les affaires du monde pour fuir la solution de tes problèmes.

Parlons des autres, semblent dire certains, pour ne pas parler de moi. C'est le mauvais chemin.

L'ÉQUILIBRE DU MONDE, il faut le répéter, COMMENCE PAR TON PROPRE ÉQUILIBRE.

LA SANTÉ DU MONDE COMMENCE PAR TA PROPRE SANTÉ.

LA LUTTE CONTRE L'INHUMAIN COMMENCE PAR LA LUTTE CONTRE L'INHUMAIN QU'ON PORTE EN SOI ET AUQUEL ON EST TENTÉ DE CÉDER. Il est tellement plus simple d'être un animal à visage d'homme.

Ne donne pas de leçon de morale au monde et aux autres si tu ne te montres pas exemplaire dans ta propre vie. Si tu cèdes à l'égoïsme ou à la violence, si tu n'as pas en toi l'énergie et l'optimisme, à quoi servirait de lutter contre l'égoïsme, la violence et le pessimisme ?

Il s'agirait là de moyens pour ne pas affronter TES problèmes, et ce sont ceux-là qu'il faut commencer par résoudre, que tu as le devoir premier d'analyser, de comprendre.

C'est cet équilibre entre soi et le monde, cette lucidité sur soi et sur le monde, cette capacité à ne pas se servir de l'un contre l'autre, qu'il faut atteindre.

Sache surtout que tu ne pourras réellement et efficacement te soucier des autres, défendre l'humain, que si tu as atteint en toi-même une sorte d'harmonie.

Si tu es en guerre avec toi, si tu es opaque à toi-même, tu ne pourras pas aller vers les autres. Tu apporteras aux autres ta propre difficulté à vivre et, quelle que soit ta bonne volonté, tu seras maladroit, pire, tu risqueras d'aggraver les problèmes.

Il en va de même avec ta volonté de trouver une issue personnelle à la crise.

Comment peux-tu avoir l'énergie nécessaire si tu uses une bonne part de tes forces dans un combat contre toi-même ?

Il faut que tu sois ton premier sujet de réflexion et de compréhension, ton premier lieu d'action. Ta première pacification, c'est en toi que tu dois l'exercer.

TU ES LE PREMIER DES MONDES QU'IL FAUT HUMANISER ET MAÎTRISER. TU ES UN MONDE.

21

Que ta sagesse soit action

Alors, apprends la SAGESSE.

Ce n'est pas facile.

La sagesse est souvent perçue comme une immobilité un peu triste, faite d'acceptation et de refus. Immobilité de l'homme qui a compris qu'il ne peut que peu de choses. Et le pessimisme, souvent, vient colorer de gris l'idée de sagesse.

Je ne veux pas te dissimuler cela : depuis l'origine de notre civilisation, en effet, il existe des « sages » pour penser que « la vie est un songe ».

Il est ainsi un empereur romain, Marc Aurèle, auquel on doit des pensées – écrites en grec –, et qui exprime cette attitude « stoïcienne » : accepter la vie dans sa brièveté et ses douleurs, comme un passage que l'on doit supporter en sachant qu'il n'offre qu'illusions.

Je ne partage pas cette vision du monde, d'autant que Marc Aurèle, ce « philosophe », se montra cruel avec les chrétiens parce qu'il ne pouvait accepter – comme empereur et peut-être aussi en tant que pessimiste – la « foi » de ces croyants.

Mais il faut connaître les pensées opposées aux siennes pour mieux y faire face. Et je veux te faire lire ces lignes, peut-être les plus significatives, des *Pensées pour moi-même* de Marc Aurèle.

L'empereur romain écrit : « Le temps de la vie de l'homme ? Un instant. Ses sensations ? Indistinctes. L'assemblage de tout son corps ? Une facile décomposition. Son âme ? Un tourbillon. Son destin ? Difficilement prévisible... Pour le dire en un mot : tout ce qui est son corps est eau courante, tout ce qui est son âme, songe et fumée. »

Est-ce là la sagesse ? Est-ce là « comprendre » le monde ?

Ce point de vue, tu peux l'adopter, et accepter ainsi de n'être qu'une braise, un petit point rouge dans la cendre, et imaginer que tout est sable entre les doigts du temps.

Depuis que tu me lis, depuis le début de ce livre ou si tu as lu mes livres précédents, tu sais que j'essaie de transmettre autre chose, une sagesse qui soit faite à la fois de lucidité et d'énergie.

Je vais réfuter un à un les points que développe Marc Aurèle, pour affirmer qu'il existe une autre manière de voir, de vivre, que la sienne.

Le temps de la vie de l'homme ? Un instant, dit Marc Aurèle. C'est vrai, et je mesure combien, moi qui ai dépassé soixante ans, tout cela est bref, une fraction de temps qu'on ne peut pas mesurer tant elle est limitée, surtout quand on la compare au temps de l'espèce vivante – des millions d'années –, au temps de la géologie – des milliards d'années –, au temps de l'univers – des millions d'années-lumière.

Que sommes-nous en effet dans cette comparaison des durées ? Un instant.

Mais en même temps, cette durée de vie est aussi une manière *de tout vivre*, de vivre tout le cycle de l'univers depuis les origines, en donnant la vie, en s'insérant dans la longue histoire des hommes.

Le temps de la vie de l'homme n'est qu'un instant si l'homme est perçu comme un atome isolé. S'il est maillon de la chaîne humaine, la notion de temps de la vie s'élargit.

LE TEMPS DE LA VIE HUMAINE EST À LA MESURE DE L'OUVERTURE DE LA PENSÉE. IL EST INFINI SI TU PENSES L'INFINI. IL EST BREF COMME UNE ÉTINCELLE SI TU NE VOIS QUE TA VIE. PENSE L'INFINI.

Des sensations indistinctes, affirme encore Marc Aurèle.

Il faut être blasé, sans enthousiasme, sans passion, sans lien avec les autres, pour vivre ses sensations comme indistinctes.

LA VIE EST PASSION, SI TU LE VEUX.

Il faut pour cela AIMER LES AUTRES, éprouver de la COMPASSION pour eux.

Des sensations indistinctes, ce que je ressens quand je vois mes enfants ?

Hier soir, mon fils est sorti de l'école en chantonnant, le visage radieux, et il m'a annoncé qu'il était le second de sa classe, avec une moyenne en progression.

Crois-tu que mes sensations ont été indistinctes ? Elles ne le seraient que si je cultivais l'indifférence.

Ne sois pas indifférent aux autres, si tu veux que ta vie ait une saveur.

Le corps, une facile décomposition. Chacun de nous, il est vrai, peut constater la fragilité de son corps, les transformations que le temps lui fait subir, la douleur qu'il provoque quand la maladie s'empare de nous.

Mais, je l'ai déjà écrit dans les pages précédentes : le corps de l'homme ne peut être séparé de son âme. De la façon dont on se voit, on se ressent. Le *rapport de pensée* qu'on entretient avec le monde est l'essentiel.

On n'est pas séparé du monde. LE CORPS EST UN ASPECT DE L'ÂME ET L'ÂME EST UN ASPECT DU CORPS.

Et c'est pour cela que je ne peux non plus accepter cette façon qu'a Marc Aurèle de dire que *l'âme n'est que tourbillon, que songe et fumée.*

Je n'ai pas cette conception limitée de l'âme. L'ÂME SURVIT PAR LE SOUVENIR QUE LAISSE L'HOMME, L'HUMAIN, PARMI LES AUTRES HUMAINS.

Il faut avoir une vision petitement matérialiste de l'homme et de l'âme pour ne pas sentir que les sentiments, la pensée, l'âme ne sont pas que *songe et fumée.*

L'amour qu'on porte, celui qu'on reçoit, cette joie que donne le sentiment de trouver un écho chez l'Autre, cette communion que l'on ressent avec un écrivain, un chanteur, un cinéaste quand il réussit à exprimer ce fonds humain de l'histoire commune des hommes, croit-on qu'il ne s'agit là que de *songe et fumée* ?

C'est au contraire le meilleur de l'humain qui

s'exprime, ce sont ces communions-là qui permettent de construire L'ARCHE D'ESPÉRANCE, c'est-à-dire d'affirmer, face au scepticisme et au pessimisme amer de Marc Aurèle, que le destin, s'il n'est en effet prévisible, peut être maîtrisé. Nous pouvons agir pour qu'il comporte plus d'humain que de barbare. Et cette seule tentative de préserver l'humain est un barrage contre la barbarie.

C'est parce que j'ai conscience de cela que je construis l'Arche du Futur, et que j'écris ce livre, et que je vais de pays en pays rencontrer des hommes et des femmes, parler avec eux.

Tu dois, à ta manière, agir de même. C'est cela la sagesse vraie.

À chaque instant de son histoire, chaque homme, toi, moi, mais aussi tous les hommes, cette foule qu'on appelle l'humanité, nous tous devons préserver les chances de l'humain, c'est-à-dire lutter contre l'inhumain.

LA SAGESSE N'EST PAS LE REPLI SUR SOI, ELLE EST ACTION, LIEN AVEC LES AUTRES.

ÊTRE SAGE, C'EST NE PAS ABDIQUER.

22

Retiens la corde de ton arc

APPRENDS LA PATIENCE, c'est la vraie sagesse.

Savoir attendre le moment, rester maître de soi, respirer calmement pour ne pas céder à un mouvement d'humeur, ce n'est pas le renoncement ou l'inaction. C'est la preuve qu'on est capable de s'adapter à une situation donnée, à des circonstances impératives.

S'adapter, cela aussi tu dois le savoir, ce n'est pas capituler devant la résistance du réel. C'est, au contraire, réfléchir, et choisir le bon « rapport de vitesse » pour aborder une situation.

Changer de vitesse, passer de troisième en seconde ou en première, ou vice versa, ce n'est pas cesser de rouler ni modifier sa destination, c'est prendre en compte la spécificité du parcours.

Il y a même, dans la patience, la preuve que l'on espère, puisque l'on sait attendre, la preuve aussi que l'on s'obstine, puisque l'on ne cède pas au découragement.

Combien d'hommes et de femmes ai-je croisés dans

ma vie qui semblaient prêts à soulever des montagnes ? Ils prétendaient avoir la force et le talent. Mais une difficulté suffisait à les décourager.

Il faut se défier des hâbleurs et des impatients, souvent leur résolution n'est qu'un feu de paille. Compte plutôt, si tu as besoin d'un appui, sur le silencieux et le modeste, sur celui qui évalue à leur juste valeur les obstacles que tu devras affronter.

CELUI QUI SAIT ANALYSER ET COMPRENDRE LE RÉEL SAIT FAIRE PREUVE DE PATIENCE.

Et cela vaut pour ta vie, ton histoire personnelle. J'imagine qu'il t'arrive de rencontrer des difficultés ou des doutes. Que tu es parfois tenté de renoncer, dans un mouvement d'impatience.

Crois-le, LA PATIENCE EST L'AUTRE VISAGE DE L'OBSTINATION ET DE LA RÉSOLUTION.

Repense aux différentes étapes de ta vie : si tu as patienté, si tu as persévéré, tu as très probablement obtenu ce que tu recherchais.

Cette patience, cette obstination sont même la clé de toute vie, car vivre c'est aussi durer, se « prolonger soi », par sa persévérance, et aussi par les enfants que l'on a.

Qui regarde le comportement des espèces vivantes découvre cette patience têtue qui est la caractéristique commune de tous ceux – des insectes à l'homme – qui vivent.

Renverse par mégarde un barrage établi sur un chemin, avec des aiguilles de pin, par de grosses fourmis. Elles mesurent les dégâts, puis, avec la hâte d'ouvrières disciplinées, recommencent leur ouvrage.

Pense à l'homme, SOIS FIER DE CETTE TÉNACITÉ HUMAINE. Il y a des dizaines de milliers d'années, il cherchait à domestiquer le feu : le conserver d'abord, puis trouver les moyens permettant de le produire.

Aujourd'hui, pense à ces milliers de savants qui cherchent à découvrir les vaccins qui permettront de combattre le virus du sida.

Partout la patience est à l'œuvre pour atteindre des objectifs qui se dérobent au premier abord. Parce que le temps est la dimension essentielle, et qu'il faut savoir compter avec lui.

PRENDRE LA MESURE DU TEMPS, VOILÀ L'UNE DES CLÉS DE LA VIE.

Celui qui vit dans un monde en crise doit plus encore qu'un autre connaître les rythmes, s'adapter à eux, passer de la patience à la vivacité et à la spontanéité des actions.

Car la patience n'est qu'un moment. IL TE FAUT GARDER CET ALLANT, CETTE SPONTANÉITÉ QUI SONT LA SOURCE DE LA JOIE ET DE L'ÉNERGIE.

Mais ce mouvement de la patience à la spontanéité, de l'observation attentive et retenue à la vivacité, il est aussi le propre des espèces vivantes.

Je pense à mes chiens et à mes chats, tendus, patients et silencieux, et qui tout à coup bondissent sur leur proie, vifs, comme la flèche.

TU DOIS ÊTRE L'ARC ET L'ARCHER. RETIENS LA CORDE, TENDS-LA ET VISE. QUAND TU LÂCHERAS TA FLÈCHE, RIEN NE DOIT POUVOIR RETENIR TON TRAIT.

Si tu as conscience de la nécessité de la patience, tu sauras aussi décider de la rupture, en lançant ta flèche.

C'est cette connaissance du moment, du rôle du temps, qui doit te permettre d'atteindre tes objectifs.

Observe le long mouvement de l'histoire.

Souvent des impatients – et l'on peut comprendre leur impatience – tentent d'en forcer le rythme : ils sont écrasés. S'ils remportent une victoire, elle est éphémère. La société ne les soutient pas, elle les rejette et, s'ils s'obstinent, la violence surgit.

Au contraire, il est des succès qui viennent à leur heure, quand la situation d'un pays, d'une ville, est préparée au changement par un long travail. Le succès, alors, est naturel, parce qu'attendu et nécessaire.

NE SOIS PAS IMPATIENT. Si nous ne sommes pas impatients, la crise que notre monde traverse, l'une des plus graves de l'histoire des hommes, elle aussi sera surmontée, et nous pourrons même en faire « bon usage », en tirant de la situation des leçons utiles pour l'avenir.

IL Y A TOUJOURS UN FUTUR, ET IL NE FAUT PAS DÉSESPÉRER DES HOMMES.

IL FAUT ÊTRE PATIENT, CAR LE TEMPS DE L'HUMAIN N'EST QU'UNE PARTIE INFIME DU TEMPS DES HOMMES.

L'homme humain est en marche.

Notre histoire couvre cinq à six mille années, une poussière à côté des millions, déjà, d'années de présence de l'homme sur la terre.

Peux-tu seulement imaginer de quoi les hommes seront capables quand ils seront sortis de ce qui est encore aujourd'hui « la préhistoire humaine » ?

C'est cette constatation-là qui doit t'apprendre la patience.

Quelques milliers d'années seulement depuis que l'homme a découvert l'écriture, quelques milliers d'années depuis qu'il peut concevoir un Dieu et poser la question de la vie dans son ensemble, explorer à sa manière les rapports de l'homme avec la mort, avec l'univers.

Sais-tu que les premiers philosophes, ceux de l'école grecque de Milet – et notamment Thalès – ont médité en 600 avant J.-C., c'est-à-dire il y a seulement un peu plus de 2 500 ans ! Un souffle dans l'immensité du temps des hommes !

Et ces esprits avaient déjà perçu que la question était celle du temps, puisqu'ils s'étonnaient du changement des choses avec le temps, et s'interrogeaient : « Qu'y a-t-il donc qui persiste à travers ce changement d'apparence des choses et des êtres ? »

PERPÉTUE CETTE CAPACITÉ À SE POSER DES QUESTIONS.

CAR C'EST LA QUESTION QUI REND HUMAIN.

23

Engage-toi avec passion

SI TU VEUX VIVRE PLEINEMENT, PASSIONNE-TOI, voilà la vraie sagesse.

La passion ne signifie ni l'impatience ni le chaos.

J'ai visité l'atelier de Picasso, j'ai été l'ami de sa veuve, Jacqueline ; j'ai pu mesurer en regardant les toiles de ce génie du XXe siècle, en parlant avec sa femme, qu'il avait été toute sa vie poussé par la passion.

Cette passion n'a pas été source de gesticulations inutiles, d'éclats spectaculaires, mais de travail quotidien, d'obstination, de joie permanente dans le jaillissement de l'invention, dans le changement de style. On pouvait lire l'intensité de la passion que portait Picasso sur toutes choses : les œuvres de ses prédécesseurs, le monde, le visage des gens.

LA PASSION, C'EST LA RELATION FORTE, VIVANTE, VIBRANTE, AVEC LE MONDE.

Comment participer au monde si le spectacle de ce monde ne te saisit pas au cœur, pour t'indigner, ou te plonger au contraire dans l'enthousiasme ?

La vie de l'homme est pathétique, et si tu éprouves un sentiment fraternel envers lui, si tu as le sentiment de faire partie de sa famille, comment ne pas te passionner à son spectacle ?

Écoute par exemple ce que je lis dans un journal, à propos d'un communiqué de l'Organisation Mondiale Contre la Torture : « Jusqu'ici il n'y avait que des rumeurs sur le trafic d'organes à partir d'enfants assassinés, et nous avions des réticences à en parler. Maintenant, nous avons des informations vérifiées, avec des témoins. »

Et le directeur de l'OCT, Eric Sottas, poursuit : « il s'agit d'un phénomène qui, sans se produire encore à une échelle industrielle, est déjà très préoccupant... L'adoption illégale constituerait un des créneaux du trafic d'enfants à des fins de transplantation d'organes. »

Et il ajoute que, dans certains pays d'Amérique latine, des témoins de cas d'énucléation des yeux ont disparu.

Voilà ce que je lis. Faudrait-il que je reste insensible, que je ne sois pas saisi par le désir passionné de communiquer cela, de vouloir empêcher ces agissements qui transforment des enfants en matériaux, en objets ?

Où est l'Humain, dans cette version contemporaine, plus discrète mais tout aussi criminelle, de ce que j'ai connu : le nazisme et ses expériences sur les enfants.

Que faire sinon se lancer avec passion dans la dénonciation de l'inhumain ?

Que faire sinon hurler avec passion son indignation et sa révolte ?

Songe à ce que représente cette horrible mutilation de l'enfant, la CRISE DES VALEURS et la barbarie tranquille que cela signale. De l'argent pour acheter des corps d'enfants, pour les mutiler : qui aurait pu imaginer qu'il en serait ainsi en cette fin de XXe siècle ?

J'ose te le dire : cela est aussi barbare – et peut-être même davantage – que le comportement des peuples les plus primitifs, qui sacrifiaient des enfants sur l'autel de leurs dieux. Eux n'avaient pas derrière eux des siècles de réflexion et de philosophie, eux croyaient au plus profond d'eux-mêmes que les dieux impitoyables exigeaient cela.

Aujourd'hui, c'est le Dieu argent qui exige une telle horreur, et c'est l'égoïsme fou et criminel de quelques-uns qui rend de tels actes possibles.

Comment parler sans passion de cela ?

Comment évoquer sans passion aussi le dévouement de ceux – religieux ou laïques – qui sur tous les continents essayent d'apporter un peu d'affection, des secours, à ces hommes et à ces femmes plongés dans la misère ? Comment ne pas les soutenir passionnément ? Comment ne pas se lancer avec passion dans l'aventure de la solidarité ?

Tu sais, j'aurais pu tranquillement me replier sur ma vie personnelle. J'en ai eu le désir quelquefois. Mes enfants et ma femme s'en trouveraient peut-être plus heureux.

Mais je n'ai pas pu m'enfermer ainsi dans ma

« forteresse ». Je l'ai ouverte. Je me suis lancé dans l'édification – avec l'aide d'artistes heureux de créer – de structures capables d'accueillir des jeunes, dans mon domaine du Tanneron, dans le sud de la France.

J'ai lancé cette idée de l'Arche du Futur, et j'essaie de rassembler toutes les bonnes volontés autour de ce projet. Des amis dévoués, des chefs d'entreprise, des enseignants m'aident grâce à leur enthousiasme et à leur talent. Sont-ils irréalistes ? Suis-je fou [1] ?

Mais surtout, pouvais-je – pouvions-nous – nous désintéresser de l'avenir ?

Non, je ne le peux. *Au nom de tous les miens.*

Car je sais ce qui se produit lorsqu'on laisse la crise se creuser comme un gouffre, en nous d'abord –

---

1. L'idée de Futur est née des attentes confiées par les jeunes au travers d'innombrables témoignages. Mais le projet lui-même est l'aboutissement des travaux d'une équipe de professionnels animée par mon ami Michel Jacquet, talentueux défenseur des valeurs humanistes, concepteur passionné dans lequel j'ai plaisir à me reconnaître parfois. Futur est une action de longue haleine, ouverte à tous les jeunes, pour informer, échanger, conseiller, aider à préparer l'avenir. Futur est aussi une association qui installe progressivement un réseau de relais, clubs ou antennes, sur l'ensemble du territoire national avant de s'implanter à l'étranger, tout particulièrement en Europe. Futur va mettre en œuvre de nombreux supports de communication : presse écrite, magazines télévisés, serveur minitel. Futur, enfin, est une action qui doit rencontrer l'assentiment et l'appui de toutes et de tous.

Avec Michel Jacquet, j'ai présenté la démarche Futur aux plus hautes instances de notre pays. Les pouvoirs publics, les collectivités territoriales, les grandes entreprises, les associations, les enseignants, les parents, tous ont témoigné de leur intérêt pour cette action dédiée à tous les jeunes de dix-huit à vingt-cinq ans.

c'est le repliement sur soi, l'enfouissement du moi dans cet égoïsme qui lui est naturel – puis dans le monde. Qu'on ne s'étonne plus alors si la violence contre les enfants se répand, si la guerre s'étend, si la mort gagne.

LA PASSION GÉNÉREUSE, C'EST LA VIE.

DONNE ET TU RECEVRAS.

ENGAGE-TOI AVEC PASSION, ET TU SUSCITERAS DES ENGAGEMENTS PASSIONNÉS.

Il en va dans la vie privée comme dans la vie professionnelle.

Tu n'auras d'échanges riches et chaleureux que si tu sais donner avec passion le meilleur de toi-même.

Tu pourras vivre des déceptions, mais, à la fin, tu récolteras ce que tu as semé.

Si tu as distribué le grain de la passion humaine, c'est cela qui te sera rendu.

Si tu t'en tiens à la gestion avare de toi-même, alors tu auras face à toi des calculateurs à ton image, tu ne sauras éviter la crise.

SOIS PASSIONNÉ, avec toute la lucidité de ta raison.

Certains te diront que la passion aveugle. Et c'est vrai qu'il est des passions maléfiques entraînant l'homme dans la colère et le chaos. Ces passions destructrices sont celles de l'égoïsme. Les uns veulent le pouvoir, d'autres convoitent les biens, l'argent.

Ne te laisse pas ensevelir sous les choses. Ce qui compte, c'est toujours la vie, la vie d'abord.

AIE LA PASSION DE LA VIE. AIE LA PASSION DE L'HUMAIN.

24

Tu dois chasser la peur

Souvent mes interlocuteurs – et mes lecteurs, quand je les rencontre, quand ils m'écrivent – s'étonnent. Je vois dans leurs yeux une sorte d'admiration incrédule et parfois, chez certains, presque de la commisération ou de l'incompréhension.

Ils me disent, après quelques phrases de politesse : « Mais comment faites-vous ? », et cela signifie aussi : « Comment avez-vous fait pour survivre à tout ce que vous avez traversé ? », et encore : « Mais où puisez-vous toute cette énergie, nous ne pourrions jamais, nous n'aurions pas pu. »

Qu'en savez-vous ? ai-je envie de leur répondre. Est-ce que je savais, moi, à quatorze ans, ce qui se préparait, les épreuves que j'allais affronter ?

Est-ce que je savais que j'allais trouver la force de me battre et de survivre ?

Est-ce que j'imaginais, il y a presque un quart de siècle, qu'ici, dans ma nouvelle vie, j'allais à nouveau tout perdre, ma femme, mes enfants, et cependant avoir la volonté de continuer, de recommencer ?

On ne conçoit pas la force immense qui est en nous. Voilà ce que, d'abord, je voudrais te dire.

Tu ne connais pas ton énergie et ta force.

TU ES CAPABLE DE L'IMPOSSIBLE, SI TU LE VEUX.

Cette formule en choquera certains. Et la prudence ? Et le réalisme ? Et pourtant, je le maintiens, sur mon expérience, sur ce que j'ai vu, vécu : l'homme est capable de l'impossible, et cela dans tous les sens du mot. L'impossible peut être la barbarie inconcevable. Je l'ai vu. L'impossible peut être l'acte le plus généreux, cela aussi je l'ai vu.

CONNAIS CE DONT TU DISPOSES : UNE FORCE À NULLE AUTRE PAREILLE.

Mais le sais-tu ? Mais veux-tu l'utiliser ?

Je n'ai jamais condamné ceux qui refusent à un moment donné de se battre.

Ils préfèrent s'asseoir sur le bord de la route et attendre. Si leur choix est lucide, s'il est le résultat d'une réflexion, libre à eux.

Une vie, quand elle est choisie en conscience, ne peut décevoir.

Celui-là sait qui après avoir médité s'arrête.

RESPECTE LE CHOIX DIFFÉRENT QUE FONT LES AUTRES. LA DIGNITÉ ET LA GRANDEUR DE L'HOMME SONT DANS SA LIBERTÉ.

Mais pèse bien ton propre choix. Ne te trompe pas sur ce que tu peux faire.

Ne renonce pas sans avoir tout tenté. Ne t'arrête pas avant d'avoir vraiment marché jusqu'à l'extrême limite.

Car, tu dois le savoir, L'EXTRÊME LIMITE PEUT TOUJOURS ÊTRE REPOUSSÉE.

Cent fois, j'ai cru être arrivé au bout. Ne plus pouvoir avancer. Cent fois, j'ai été tenté de m'arrêter, moi aussi. Et puis j'ai repris la route et je me suis aperçu que je pouvais encore. Qu'il y avait en moi une énergie nouvelle qui venait de plus profond encore, dont j'ignorais qu'elle existait, mais elle était là, comme si la volonté que j'avais de poursuivre la faisait naître.

L'âme est dans le corps. Ton âme – ta résolution, ta volonté, ta décision, ton attitude – peut changer les réserves de ce corps. Ce que tu croyais impossible, tu le peux. C'est cela la leçon de ma vie.

Mais presque tout est une question d'âme.

Il est un philosophe de l'Antiquité, Sénèque, qui dit ceci : « Qui sait mourir ne sait plus être esclave : il s'établit au-dessus, du moins en dehors de tout despotisme. »

Certes cette pensée s'applique à une situation extrême. Mais tu le sens bien, elle dit quelque chose d'essentiel : lorsque la peur disparaît – la peur de mourir, dit Sénèque, mais ce peut être plus simplement, moins durement, la peur de vivre, la peur d'oser entreprendre – on atteint la liberté. Il n'y a plus d'esclavage.

VOILÀ LA GRANDE EXIGENCE : BRISE LES CHAÎNES QUI ENTRAVENT TON ÂME. CESSE D'AVOIR PEUR.

C'est cela qui compte, cela qui est à la racine de tous nos comportements.

LA PEUR EST LE POISON DE NOTRE ÂME. C'est la peur qui nous paralyse.

Et cet effroi, tu le sais bien, est souvent sans raison.

Peur d'un bruit dans la nuit, peur d'une ombre, peur d'un insecte qu'il suffirait d'un geste pour écraser. Peur instinctive, mais peur aussi du lendemain, peur d'entreprendre, peur de la mort, engendrant toutes les autres, peur de cette fin qui nous écrase.

APPRENDS À CHASSER LA PEUR DE TON ÂME, ET TU SERAS FORT, ET TU SERAS LIBRE.

Ignorer la peur, peux-tu me répondre, est de l'inconscience.

J'ai peur, me dit l'un, d'être licencié de mon entreprise. J'ai peur de ne pas retrouver un emploi. J'ai peur de la maladie. J'ai peur pour mes enfants. J'ai peur de la guerre. Et chacun pourra me donner des raisons de sa peur, puisées non dans son imaginaire, mais dans la réalité.

Et qui nierait que le chômage, le sida, la violence, le racisme, l'affrontement armé, ne sont pas des menaces proches ?

Qui peut nier que le risque de chaos, de guerre civile soit exclu de la fin de ce siècle, ou que l'épidémie du sida ne s'étende ?

Les dangers sont réels, et cependant il faut chasser la peur.

Car l'identification du risque, la conscience de la menace ne doivent pas faire naître la peur.

La peur, c'est la retraite de la raison et de la lucidité, la soumission à l'inaction.

La peur, c'est la certitude que l'on est impuissant devant le péril.

C'est pour cela qu'il faut chasser la peur.

On se persuade – par un mouvement instinctif de

la pensée – qu'on va être frappé, qu'on ne pourra pas se défendre. Convaincu à l'avance d'être victime. Dès lors, on n'agit plus, sinon sous l'empire de la panique. On s'enfuit, donnant ainsi à l'adversaire l'occasion de frapper. On se tait devant celui qui accuse, par peur d'être condamné, et, bien sûr, on l'est, puisqu'on ne se défend pas.

LA PEUR NE SIGNALE PAS LE PÉRIL OU LA CERTITUDE DE LA DÉFAITE MAIS L'INCAPACITÉ DE L'ÂME À AFFRONTER LE DANGER.

TU DOIS CHASSER LA PEUR.

Facile à énoncer, pourras-tu protester.

Mais tous ceux qui y ont réussi te le diront : contenir sa peur, puis la faire disparaître, est acte de volonté, une détermination patiente de l'être qui a appris à contrôler ses réactions, à analyser, à peser les risques, à décomposer ce qui semble inconnu en autant d'éléments connus.

Une falaise peut paraître infranchissable si tu la regardes comme un bloc. Et la peur peut te saisir.

Approche-toi. Hisse-toi sur la pointe des pieds. Effleure de ta main ouverte, doigts tendus, le rocher, et tu trouveras la première prise. Tire sur tes bras. Ainsi, traction après traction, tu graviras l'obstacle.

AGIR PATIEMMENT, OBSTINÉMENT, EST LE MOYEN DE CHASSER LA PEUR.

25

Acquiers la maîtrise de ton corps

DÉNOUE TON CORPS, LIBÈRE-LE, ainsi tu te rendras maître de toi-même, et la peur ne s'emparera plus de toi.

Je t'ai dit souvent, depuis que je dialogue avec toi, que l'âme et le corps ne peuvent être séparés. Que l'homme-humain c'est cela, un échange sans fin entre la chair et l'esprit, l'un étant dans l'autre.

Tu ne pourras donc dénouer ton corps, comme je te le demande, que si tu as commencé à libérer ton âme, à utiliser la puissance de ta volonté.

Une telle libération ne se produira pas en un instant. Il te faudra progresser pas après pas.

Et d'abord, connaître ton corps, l'explorer avec ton âme.

Ne pas considérer qu'il est une machine à ton service. Il est toi, comme tes rêves, tes pensées, tes souvenirs.

Oui, ce corps est toi, parce qu'il est aussi ton âme.

Les sages de l'Asie, et j'en ai connu dont la maîtrise m'a fasciné, bouleversé, sont arrivés à une telle connaissance et à une maîtrise si fine de leur corps qu'ils peuvent, par exemple, ralentir les pulsations de leur cœur, à leur gré.

Leur pensée, leur âme, sont si profondément mêlées à leur corps, qu'ils agissent ainsi sur ce « muscle cardiaque » comme nous le faisons sur nos doigts, en les agitant comme nous le voulons.

Ils peuvent de même contrôler leur respiration – l'une des fonctions les plus essentielles de notre vie –, la ralentir s'ils le veulent et, surtout, réussir à vider, jusqu'à la plus ultime des molécules d'air, leurs poumons. Ils réussissent aussi à obtenir des contractions de leur appareil digestif.

Leur corps, comme leur âme, est entre leurs mains.

J'ai, après les avoir vus se comporter ainsi, avec un calme et une sérénité fascinants, été frappé par notre maladresse, notre brutalité, la manière dont nous considérions notre corps à l'égal d'une machine. Nous en bosselons la carrosserie, persuadés que nous pourrons remplacer les parties démolies, ou que l'assurance paiera. Mais notre corps, je le répète, n'est pas une mécanique.

IL FAUT QUE TU PRENNES TON CORPS EN MAIN, CE SERA LE MOYEN DE TE SAISIR DE TON ÂME, de faire l'apprentissage de la patience, du contrôle de soi. Et si tu t'exerces ainsi, la peur reculera.

J'ai fait cela, je le fais encore. Non pas avec la perfection d'un sage de l'Inde, mais en m'imposant des périodes de jeûne, une alimentation qui ne m'alourdit pas, une façon de ne pas être enseveli sous la nourriture, l'excès de gras et de sucré, comme on l'est trop souvent dans nos pays d'abondance.

Dénouer son corps, c'est aussi considérer cela, l'attitude que nous adoptons à l'égard des plaisirs que le corps peut nous apporter.

Sache-le, IL N'Y A PAS DE PLAISIR SEULEMENT PHYSIQUE, il y a une jouissance de l'être, aussi bien physique que morale, produit de la chair et de l'esprit.

Celui qui, suivant une impulsion, se jette du haut d'un plongeoir dans la mer, peut être satisfait d'avoir vaincu sa peur, et éprouver dans sa brève chute une joie, puis vient la claque brutale de l'eau, parce qu'il s'est élancé sans aucune technique, comme une pierre qui tombe.

Celui qui plonge, utilisant toutes les ressources du tremplin, s'élève, fait une pirouette, s'enfonce dans l'eau comme une lame, celui-là ressent bien plus que la joie d'avoir vaincu une appréhension, il sait qu'il a accompli une sorte de chef-d'œuvre, tenant autant à la maîtrise qu'il a de son corps qu'à la volonté qu'il a dû déployer pour parvenir à cette perfection technique de son saut.

Il faut gagner, acte après acte, exercice après exercice, la maîtrise de ton corps, afin de le dénouer.

Il ne s'agit pas d'acquérir l'art d'un champion, ni même la souplesse d'un adolescent. Il s'agit de s'imposer chaque jour – chacun selon son rythme – un exercice.

Tu pourras avoir le sentiment, les premiers jours, de ne pas progresser. La tentation sera grande d'abandonner. Mais c'est peu à peu qu'il te faut parvenir à la maîtrise.

Il n'y a pas de raccourci. La route est longue pour tous.

Mais au bout, ton corps n'est plus une charge, une mécanique à traîner qui entrave ton âme, mais un élément de celle-ci, libre comme elle.

Sans que tu t'en rendes compte, ton attitude aura changé dans la vie, comme ton corps aura changé. Tu seras plus droit ou plus mince, tu marcheras avec plus de vivacité, tu seras plus souple. Et tu ressentiras une joie naturelle, surgissant du plus profond de toi, mêlant le corps et l'esprit, te donnant la fierté du devoir accompli.

Je lis dans un quotidien que, chaque jour, malgré la ville détruite et les tireurs embusqués qui guettent et visent toute cible humaine, un coureur, un marathonien, accomplit un périple de trente-cinq kilomètres dans les rues en ruines de Sarajevo, se préparant pour les Jeux sportifs méditerranéens, auxquels il ne sait même pas s'il pourra se rendre.

Admire cet homme, la leçon morale qu'il nous donne. Vois comme il a repoussé la peur, comme sa résistance physique est l'expression d'une résistance morale.

Il veut courir. Il veut vivre. Il a terrassé la peur et la mort. Il aime la vie.

ACQUIERS LA MAÎTRISE DE TON CORPS.

ACQUIERS LA MAÎTRISE DE TON ÂME.

AIME LA VIE.

26

Garde en toi l'amour de la vie

AIME LA VIE, comme cet homme qui court, malgré la mort qui le guette à chaque coin de rue.

AIME LA VIE. C'est dans cet amour qu'il faut puiser l'énergie et le courage.

Tu pourrais répondre ici encore : « Aimer la vie ? Qui ne le voudrait ? Mais je ressens amertume et pessimisme, une sorte de désespoir morose ou d'absence d'enthousiasme, que puis-je contre cela ? »

J'ai déjà entendu cette réponse. Elle ne me décourage pas de te répéter : aime la vie ! Là est l'une des clés de ton destin.

Pense aux enfants. Ceux qui ne subissent ni la guerre ni la famine ni la torture ni le mépris. Ceux qu'entoure l'amour d'une famille.

Es-tu déjà allé à la sortie d'une école, quand les tout petits quittent leur classe et s'élancent dans la rue ?

Regarde, écoute cette cohue. Les enfants sont souriants. Ils s'élancent. Tout est mouvement et gaieté, insouciance.

Oserais-tu dire en les voyant que la vie ne peut être aimée ?

Eux ne se posent pas la question. Ils sont dans *l'unité de leur personne*, pas encore divisés, dissociés, tiraillés entre des pulsions contraires.

Ils ont cette naïveté, cette spontanéité émouvantes. Tu t'approches d'eux et tu ne peux pas ne pas être emporté par leur élan. Ils te forcent à être joyeux, au moins quelques instants, à sortir de toi, de tes problèmes et de tes frustrations, pour retrouver avec eux cette gaieté, cet enthousiasme qui sont à la source même de la vie.

AIME LA VIE. Conserve en toi un peu des vertus de l'enfance.

D'où vient que, au fur et à mesure que la vie se déroule et que nous nous éloignons de l'enfance, nous laissions ces vertus se perdre ?

Que reste-t-il déjà à l'adolescence de cette spontanéité, de cette innocence des premières années ?

Rends-toi, comme je le fais parfois – mais peut-être es-tu l'un de ces adolescents qui fréquentent les lycées – à la sortie d'un établissement scolaire pour grands élèves : il y a toujours dans cette foule bigarrée la beauté, le mouvement, mais ce n'est déjà plus la même innocence, on constate la réserve et, chez beaucoup, des allures de défi, ou d'agressivité, ou de timidité.

L'enfance s'est déjà perdue.

Reste-t-il l'amour de la vie ?

J'ai regardé, fasciné, l'interview d'un jeune

homme d'une vingtaine d'années qui disait, en baissant les yeux, que : « plus il vieillissait et plus il pensait qu'il y avait quelque chose de “ pourri ” dans l'homme. »

À voir son visage se contracter, se rider quand il disait cela, on devinait la souffrance qu'il avait dû ressentir, sa déception aussi. Il avait continué en évoquant toutes ces violences perpétrées à la surface de la terre, le chômage, la misère, puis il a répété qu'en effet, plus il y pensait, plus il était persuadé qu'il y avait quelque chose de « pourri dans l'homme ». Il préférait, dit-il, se tourner vers les animaux.

Je sais, parce que je reçois leurs lettres, parce que je les rencontre, que, sans montrer tant de pessimisme, beaucoup de jeunes gens pensent la même chose. Peut-être es-tu l'un d'entre eux ?

Quand un jeune de moins de vingt-cinq ans sur quatre est en quête d'emploi, quand il ne trouve pas sa place dans la société, quelle que soit sa bonne volonté et même la qualité de ses diplômes, comment ne serait-il pas à la fois déçu, révolté, amer ?

Cette évolution, de la spontanéité de l'enfant, de son élan, à la réserve et à la déception de l'adolescent, à l'amertume ou au pessimisme de l'adulte, n'est pas une nécessité de la vie.

Il y avait, dans les sociétés traditionnelles, une place pour chaque âge.

Certes, la maladie et le vieillissement ne frappaient pas moins durement, mais l'organisation sociale du village ou de la tribu était telle que le plus ancien trouvait un rôle à jouer et qu'on lui devait le respect. Le jeune, lui, franchissait les différentes étapes de la vie selon un rituel qui marquait son passage de l'enfance à l'adolescence, puis à l'âge adulte.

Je n'ai pas la nostalgie de ce temps-là. Ce n'était pas un âge d'or, c'était aussi l'âge de l'esclavage et de la cruauté. Mais je crois cependant l'organisation de notre monde contemporain responsable de cette grisaille, de cette angoisse qui, peu à peu, enveloppent nos vies.

L'enfant vivait autrefois dans l'harmonie de l'amour : il se sentait accueilli, attendu, guidé. Cette situation qui, très spontanément, lui faisait aimer la vie, s'est aujourd'hui dégradée. L'enfant découvre tôt que la vie est rivalité. Il lui faut entrer dans un ordre fondé, nous le savons, sur les lois de la guerre.

Je n'exagère pas. Dès l'enfance, la concurrence entre les hommes est établie comme la clé de l'organisation d'une classe, d'une école, d'une rue. La rivalité, l'inégalité, la possession s'imposent rapidement comme principes de fait. Une longue bataille commence, d'un homme contre les autres. Il faut toujours être en éveil, sur ses gardes, savoir que l'ami peut aussi devenir un rival.

Comment, dans ces conditions, aimer la vie avec la même innocence ? L'individu, en grandissant, pense à conquérir et à se protéger. Il sait qu'il sera agressé. Certains, dès lors, préfèrent devenir agresseurs.

Des bandes se constituent, rue contre rue, cage d'escalier contre cage d'escalier. On traîne, on s'observe, on se bat. On vole et on se drogue. Pour échapper à cette guerre qu'est la vie, on s'y plonge tout entier.

Tu dois savoir cela. Tu dois savoir que l'organisation du monde est le responsable de cette dégradation des choses. Et tu dois te protéger contre cela.

Je ne veux pas que mon conseil, « aime la vie », fasse de toi un mouton désarmé parmi les loups.

S'il y a des loups, tu dois pouvoir les affronter. Si l'on t'agresse, défends-toi.

Mais surtout, agis de sorte que l'on ne t'agresse pas. Que l'on sache que tu peux faire face, mais que tu ne recherches pas la bataille. Car tu dois placer ton énergie ailleurs.

CONSERVE EN TOI, sachant la part d'ombre qui obscurcit le destin des hommes, L'AMOUR DE LA VIE.

SI TU AIMES LA VIE, SI TU ES RESPECTUEUX DE L'ENFANCE, CE MOMENT MIRACULEUX OÙ LA VIE EXPRIME TOUTE SA BEAUTÉ, ALORS TU TROUVERAS L'ÉNERGIE DE VIVRE.

27

Rêve, pour t'inventer une vie meilleure

Pour vivre, pour préserver l'élan et l'enthousiasme, CONSERVE EN TOI LE GOÛT, LE SENS DU RÊVE.

Ne t'étonne pas de lire cela après ces pages où je t'ai recommandé la lucidité et le réalisme, la nécessité d'agir et de t'adapter.

L'homme-humain est précisément celui qui sait agir et rêver, et qui, souvent, peut agir parce qu'il a rêvé.

Rêve, pour vivre.

Tu rêves, malgré toi, parce que nous ne pouvons interrompre l'activité de notre cerveau et qu'à partir de nos sensations et des événements qui nous concernent, à partir de nos désirs et de nos craintes, nous fabriquons des histoires qui peuplent notre sommeil.

Tout le monde rêve ainsi, et il existe même une « science des rêves » qui s'appuie sur cette activité spontanée de notre esprit pour comprendre qui nous sommes.

Tu ne dois pas être indifférent à ce versant

nocturne de toi-même. Parfois aussi, il te plonge dans un univers inquiétant, celui des cauchemars : là encore, c'est ton inconscient qui s'exprime.

L'inconscient, cette face cachée de ta personnalité, peut diriger tes actes. Tu dois réussir à pressentir là ce qui te pousse, ce qui t'entrave, les raisons de tes colères ou de tes timidités, non pas les causes évidentes mais bien celles qui, soulevant en toi des houles profondes, tout à coup t'emportent ou t'inhibent.

Si tu es soumis à ton inconscient, ta liberté sera remise en cause.

C'est pourquoi, comme je te l'ai déjà dit, il faut te connaître et t'accepter, identifier tes racines, afin de savoir comment tu peux être « agi » de l'intérieur de toi.

Lorsque tu connaîtras ces forces obscures et leur puissance, tu pourras les maîtriser, comme un fleuve qu'on canalise pour en éviter les violences et les débordements.

Tu connais la différence entre la force anarchique et tumultueuse d'un torrent, et celle de la même eau, dirigée, qui fait tourner des turbines permettant ainsi la production d'électricité. Pense à cette comparaison, s'agissant de ton inconscient.

CONNAIS ET MAÎTRISE TON INCONSCIENT, POUR EN CAPTER L'ÉNERGIE.

Pour cela, analyse tes comportements, reviens sur tes actes instinctifs, envisage les rapports que tu entretiens avec ton enfance.

Voilà ce qu'il te faut faire.

Cet inconscient qui suscite rêve et cauchemar, les

artistes, ces hommes à l'écoute d'eux-mêmes et du monde, l'utilisent comme la source de leur création. C'est en lui qu'ils retrouvent les illuminations de l'enfance, et c'est en lui qu'ils puisent le renouvellement de leur imagination.

L'INCONSCIENT, LA FORCE INTÉRIEURE, LE SOUFFLE VENU DU PLUS PROFOND DE TOI SONT LA SOURCE DE TOUTE CRÉATION.

Il te faut aussi, RÊVER D'UNE FACON CONSCIENTE.

Rêver, c'est-à-dire REFUSER DE CONCEVOIR LA VIE COMME UNE SUITE D'ACTES DÉPOURVUS DE SENS.

C'est la grande tendance de notre fin de siècle : tout est chaos, rien n'a de sens. La cohésion n'existe plus et chacun a tendance à se replier. Il n'y a plus de rêve. Il n'y a plus de grand projet.

Et pourtant, LE RÊVE COLLECTIF – ton rêve en fait partie –, L'UTOPIE, SONT NÉCESSAIRES À LA VIE HUMAINE.

Sans rêve ni utopie, tu ne peux vivre que comme un insecte, comme un animal.

Celui qui ne rêve pas d'un avenir meilleur pour les hommes sera un jour ou l'autre tenté de devenir – ou deviendra – un animal à visage d'homme.

La vie sans rêve d'un futur meilleur, sans l'utopie d'un monde humain, est une vie répétitive et sans perspective. La vie immobile, sans question, sans projet de toutes les espèces vivantes que nous voyons évoluer autour de nous.

L'HOMME-HUMAIN EST CELUI QUI RÊVE.

Le rêve donne du sens à la vie. Rêve à ce que sera ta vie. Rêve à ce que sera la vie des hommes.

Le rêve est à l'origine de toutes les réalisations de l'homme, il est à l'origine de cette adaptation – unique parmi les espèces animales – qui a fait de lui l'habitant des banquises polaires comme de la forêt vierge, des montagnes alpines comme des déserts.

L'homme, parce qu'il a rêvé, a su s'adapter, et parce qu'il a caressé l'utopie de l'égalité et de la justice, d'un avenir meilleur pour lui et ses semblables, a su – dans un petit nombre de pays, c'est vrai – construire des sociétés moins dures.

TA LUTTE CONTRE LE DÉSESPOIR, C'EST LE RÊVE ET L'UTOPIE.

LA LUTTE DES HOMMES CONTRE LA BARBARIE, C'EST LA CROYANCE EN UN AVENIR PLUS HUMAIN.

La société des hommes a besoin d'utopie; de même, il te faut un rêve et une utopie pour tenir debout dans le monde en crise, pour t'adapter et, quotidiennement, faire face.

RÊVE À UN AVENIR POSITIF POUR TOI.

Le rêve organise le futur. Ce que tu veux, tu le conçois par ce croisement de la raison, de l'imagination et de l'inconscient qu'est le rêve.

Ce rêve sera ta force motrice. L'image qui te permettra d'avancer, sans désespérer.

Le rêve est un moyen de transformer le réel, de le modeler par ta pensée, par ton désir.

Bien sûr, si tu es porté par le rêve seulement, tu ne feras rien. Tu te contenteras de monologuer avec toi-même et te réveilleras un jour devant un mur que tu n'auras rien fait pour abattre.

LE RÊVE DOIT ÊTRE POUR TOI UNE INVITATION À L'ACTION PRÉCISE, MINUTIEUSE ET RÉALISTE.

LE RÊVE NE DOIT PAS ÊTRE LE MOYEN DE FUIR LA RÉALITÉ MAIS, AU CONTRAIRE, L'OUTIL POUR LA TRANSFORMER.

Refuse le monde sans rêve et utopie. C'est un monde de la matière, un monde sans âme, un monde de la mort.

On pourra te rappeler, et on aura raison, qu'il y a eu des utopies meurtrières, et qu'elles menacent encore.

Pense aux millions de morts causés par l'utopie politique – au Cambodge, en Chine, en URSS et ailleurs... –, pense aux dangers de l'intégrisme, cette utopie religieuse qui se répand et touche tous les peuples, aux dangers de cette autre utopie : la supériorité d'un peuple ethniquement pur, pense encore aux adeptes des sectes qui, enfermés dans une utopie folle, ne voient plus le monde qu'à travers leur délire, pense à toutes les inquisitions...

LE RÊVE ET L'UTOPIE QUI NE COMPORTENT PAS EN EUX LE RESPECT SACRÉ DE LA PERSONNE NE SONT QUE LE VISAGE EXALTÉ DE LA BARBARIE.

Ton rêve, ton utopie doivent avoir comme clé de voûte le respect de la vie, le respect de l'Autre et de ses droits. Respecte la liberté de chacun de rêver comme il l'entend à son propre destin, à celui de l'humanité.

TU DOIS RÊVER POUR TOI, TU DOIS RÊVER POUR LES HOMMES. TU DOIS ÊTRE PORTEUR D'UNE UTOPIE.

TA VIE PEUT ÊTRE MEILLEURE SI TU LE VEUX, LA VIE DES HOMMES PEUT ÊTRE PLUS JUSTE, SI NOUS LE VOULONS.

RÊVER, OU RÉGRESSER VERS LA BARBARIE...

28

Va jusqu'au bout de toi-même

Le rêve, l'énergie qu'il suscite en toi, tu dois les utiliser pour avancer.

TU DOIS ALLER DE L'AVANT, tu dois ÊTRE EN MOUVEMENT. ON TROUVE L'ÉQUILIBRE DANS LA MARCHE.

À cette fin, commence par imiter – cela va te paraître paradoxal – ceux qui, apparemment, restent immobiles et se consacrent à la réflexion, à la prière, à cette méditation philosophique qui interroge sans fin le sens de la vie.

RESPECTE ET PRATIQUE LA MÉDITATION.

Dans l'histoire des hommes, à toutes les époques et dans toutes les religions, il y a eu des hommes – et souvent parmi les meilleurs – qui sont ainsi sortis du siècle pour s'enfermer dans le silence de monastères, d'abbayes, de couvents, ailleurs de lamaseries, et penser, prier.

LA MÉDITATION N'EST PAS IMMOBILITÉ. ELLE EST MOUVEMENT INTÉRIEUR DE L'ESPRIT, MOUVEMENT EN AVANT, ASCENSION DE L'ÂME VERS LE DIEU AUQUEL ON CROIT.

Ne confonds pas cette recherche exigeante, éloignée des rumeurs du monde, avec la passivité ou le renoncement.

C'est parce qu'ils ne renoncent pas à l'essentiel de l'homme que ceux qui se retirent ainsi du siècle peuvent renoncer au monde.

La méditation est une manière de trouver en soi le noyau, le cœur, l'âme de la personne et de la vie.

Ce choix de la méditation ne peut se discuter. Il est accompli comme un acte dynamique, un rejet du superficiel pour atteindre le fondamental.

Du point de vue de celui qui a choisi la méditation, les hommes se perdent dans une agitation vaine, qui les empêche de s'interroger sur le sens de leurs actions.

Il te faut pratiquer la méditation comme un moyen de te mettre en garde contre l'action.

Agir ? Mais pour quoi faire ?

Cette frénésie d'actes – j'achète, je vends, je consomme – ne conduit-elle pas seulement à se perdre soi, à faire éclater son moi dans les mille désirs vains, les mille tentations que la société nous offre.

MÉDITE POUR MESURER CE QU'A DE FACTICE L'AGITATION DES HOMMES.

MÉDITE POUR NE PAS TE PERDRE DANS CETTE FORÊT DES OBJETS ET DES CHOSES QUE L'ON VEUT ACQUÉRIR PAR CONFORMISME.

Médite pour ne pas être un « objet » parmi d'autres, l'appendice de la machine à produire, un consommateur soumis aux pressions de la publicité.

La méditation, ce mouvement intérieur, peut se concilier – dès lors qu'on vit dans le siècle – avec la nécessité d'aller de l'avant, d'avancer.

ALLER DE L'AVANT SIGNIFIE DÉVELOPPER TOUTES LES FACULTÉS QUI SONT EN NOUS.

Ces facultés ne sont pas les mêmes d'une personne à l'autre, mais nul n'en est démuni. Il n'y a pas d'homme ou de femme qui ne recèle en lui l'énergie et le moyen de développer ce potentiel. Il lui suffit pour cela d'identifier ses facultés.

Il ne s'agit pas seulement d'un problème d'orientation, de choix scolaire ou professionnel.

Cela compte, mais est-ce l'essentiel ? Peut-on être sûr aujourd'hui que les choix faits à dix-sept ans seront confirmés par le reste de la vie ? Rien n'est plus stable. Il n'y a plus de métier que l'on peut choisir pour toute une existence. Je te l'ai déjà dit, il faut apprendre pour pouvoir s'adapter.

ALLER DE L'AVANT, C'EST L'EXIGENCE QU'À CHAQUE MOMENT DE LA VIE ON CHERCHE UN PLUS.

Ce plus n'est pas obligatoirement, comme tu pourrais le croire, un plus de carrière ou de gain.

Ce plus, c'est dans le mouvement et l'approfondissement de ta personnalité que tu dois le chercher.

ALLER DE L'AVANT, C'EST ÊTRE DAVANTAGE SOI-MÊME.

Plus, cela signifie par exemple avoir avec les autres des relations de plus en plus ouvertes, de moins en moins marquées par la rivalité, le conflit.

Plus, cela signifie DOMINER CES PULSIONS DE VIOLENCE ET DE COLÈRE, AFIN D'ABOUTIR À UNE PLUS GRANDE MAÎTRISE DE SOI.

Plus, cela signifie apprendre à mieux distinguer

l'essentiel du secondaire, comprendre quelle est la vraie valeur des choses, et ne pas être dupe des apparences.

Aller de l'avant, c'est ainsi une exigence intérieure, une manière de se réaliser.

Cela suppose qu'on se connaisse, qu'on sache RÊVER ET VOULOIR, et ne pas se contenter de la médiocrité des choses.

SUBORDONNER SA VIE À L'ORDRE DES CHOSES, C'EST S'ENLISER.

Ne pas être en mouvement, c'est mourir.

Laisse-moi te dire que si je m'étais laissé conduire, à toutes les étapes de ma vie, par la fatigue ou la prudence, par le conformisme, par la lâcheté, ou simplement par le refus de rêver et d'imaginer, je ne serais pas là en train de t'écrire.

Je serais mort de faim dans le ghetto.

Je serais mort dans le camp du génocide.

Je serais mort après la mort des miens.

Ou je serais comme un vieillard sans force, ayant perdu toute raison de vivre et abandonné.

À chaque fois, j'ai fait le pari du plus, le pari d'aller en avant.

Construire l'Arche du Futur, cette œuvre nécessaire, cette œuvre d'utilité publique, c'était pour moi un plus, c'était faire entrer l'avenir dans ma vie, c'était ouvrir ma propriété aux autres, c'était permettre aux jeunes de mieux se connaître, c'était montrer à mes enfants qu'on peut, qu'on doit, aller jusqu'au bout de soi-même.

VA DE L'AVANT POUR T'ÉPANOUIR.

LE DEVOIR D'UN HOMME, C'EST D'ALLER JUSQU'AU BOUT DE LUI-MÊME, POUR HONORER ET RESPECTER LA VIE.

QUATRIÈME PARTIE

Si tu veux viser juste, regarde, au-delà de la cible, l'horizon

Les yeux de l'enfant

Cette femme était l'une des plus efficaces secrétaires de l'avocat auquel il m'arrive d'avoir affaire. À plusieurs reprises, elle m'avait apporté une aide précieuse.

Elle était âgée d'une quarantaine d'années, et je l'appelais par son prénom, Florence.

Petite, maigre, elle avait des yeux vifs, clairs, intelligents qui masquaient les imperfections de son visage. Elle comprenait les dossiers avant même qu'on ait terminé de lui expliquer et savait, pour « mon » avocat, en pointer les aspects essentiels.

Elle aurait très bien pu plaider elle-même, si elle n'avait pas été forcée d'interrompre ses études. Souvent, j'imaginais les regrets ou les rancœurs que d'autres auraient eus à sa place. Mais Florence était le dynamisme même et la joie de vivre.

Un matin, je l'ai trouvée dans son bureau, tassée comme une plante subitement desséchée, les yeux ternes, le visage fixe. Elle a répondu à mes questions par monosyllabes.

Je n'ai réussi à obtenir d'elle aucune confidence. Peut-être étais-je aussi trop pris par mes propres ennuis pour lui accorder toute l'attention qu'elle méritait. Peut-être, ce jour-là, suis-je passé trop vite. J'ai quelques excuses : on voulait m'obliger à détruire ce que j'avais bâti. J'avais consacré toute mon énergie à l'Arche du Futur, j'en avais moi-même financé les constructions dans le but d'accueillir les jeunes, et l'on prétendait me faire raser cela. J'étais décidé à me battre devant la justice, et lui faisais confiance pour comprendre mes intentions.

Une fois de plus, j'en parlai à Florence. Elle s'est un peu animée, comme si mon propos la réveillait d'une somnolence morose.

« Je me battrai aussi », a-t-elle seulement dit.

Durant les semaines qui ont suivi, j'ai appris le calvaire qu'elle endurait.

Elle avait une fille, Marie, d'une dizaine d'années, qui, depuis toute petite, était affligée d'une forte myopie. Et voilà que, en quelques semaines, sa vue s'était dégradée au point que les médecins prévoyaient une cécité complète en l'espace de quelques mois, au mieux au terme d'un ou deux ans.

Florence vivait seule avec cet enfant. La petite Marie, consciente de son état, refusait de capituler, continuant d'aller en classe, n'acceptant de renoncer ni à lire ni à écrire, s'obstinant et disant : « J'y vois assez, maman. »

Plus tard, quand Florence m'a raconté ces scènes, elle a pleuré. Chaque fois que Marie prononçait ces quelques mots, c'était pour elle comme si un coup de hache l'avait fendue en deux.

Mais le plus difficile à supporter avait été l'attitude du directeur de l'école. Au lieu d'aider cette enfant courageuse, héroïque presque, il avait convoqué Florence pour exiger qu'elle place Marie dans une institution spécialisée pour jeunes aveugles. Il ne voulait pas prendre la responsabilité d'un accident éventuel.

« Elle ne voit rien, madame, avait-il dit. Si elle tombe dans les couloirs ou la cour, ce sera moi le responsable. »

Lorsqu'elle m'a rapporté ces propos, Florence a eu une grimace de dégoût. Moi, je retrouvais dans le comportement de ce directeur toute la lâcheté que j'avais tant de fois rencontrée dans ma vie et qui quelquefois m'avait fait douter de la possibilité d'arracher les hommes à leur barbarie.

Au lieu de *consoler* et de *compatir*, de *rester humain*, d'aller au-delà des limites imposées par les habitudes ou une lecture bornée des règlements, cet homme-là – comme tant d'autres – se conduisait en avare de la générosité, ignorant même ce mot, ne faisant confiance à rien, non prudent et responsable comme il le prétendait mais mesquin, mort en lui-même à tout élan, pauvre humain qui avait accepté de faire de son cœur une *chose*.

« Je me suis battue », m'a dit Florence.

Elle avait refusé qu'on déplace Marie de son école pour la mettre dans une institution « ghetto ».

« Plus tard, m'a-t-elle expliqué, mais pas maintenant, alors qu'elle lutte encore. Je ne veux pas briser son espoir et sa volonté d'être comme tout le monde. S'il le faut, plus tard. »

Finalement, le directeur avait dû céder, car Florence et Marie avaient trouvé une alliée dans l'institutrice, qui prenait sur son temps pour aider Marie, se tenait près d'elle pour guider ses pas, sa main. Une femme humaine, qui savait conjuguer les mots *consolation* et *compassion*, les mots essentiels de la vie.

Mais Florence avait dû conduire une autre bataille, bien plus difficile, puisqu'il s'agissait de convaincre les médecins que Marie n'était pas condamnée à la cécité, qu'on pouvait, en l'opérant, lui rendre au moins une partie de sa vue.

J'ai suivi cette période-là de la vie de Florence car je l'ai un peu aidée à trouver les spécialistes.

Certains avaient l'arrogance des dieux impitoyables, hautains et dédaigneux.

Mais non, prétendaient-ils, on ne pouvait lutter contre cette évolution. Le plus tôt Marie apprendrait l'alphabet braille, mieux ce serait. D'ailleurs, ne faisait-on pas désormais des machines qui synthétisaient la parole et permettaient aux aveugles de « lire » ? « Il ne faut pas dramatiser, madame, concluaient-ils, croyez-moi, il y a pire, le sida par exemple. »

Il y a toujours pire, en effet. Je sais que l'horreur est un abîme sans fond et que la souffrance imposée aux hommes est infinie.

D'autres médecins étaient compatissants, compréhensifs, mais démunis.

Ils ne voulaient pas entreprendre ce qui leur paraissait risqué ou inutile. Ils partageaient l'angoisse de Florence, ils comprenaient sa douleur. Mais ne voyaient que faire.

Ces hommes-là m'étaient aussi familiers, qui,

honnêtes ou généreux, n'allaient pas jusqu'au bout, par une sorte de renoncement, ou parce qu'ils étaient victimes de leurs habitudes. Or, il ne suffit pas d'être compatissant ou de consoler, il faut aussi aider celui qui se bat.

Finalement, Florence, un jour, a trouvé un homme qui l'a aidée. Un professeur prestigieux. Il a longuement examiné Marie puis il a reconnu qu'il ne pouvait rien, lui. Cet homme acceptait avec modestie son impuissance, non pour renoncer mais au contraire pour dire que, à Vienne, dans une clinique ophtalmologique, il existait un spécialiste qui avait mis au point une technique particulière, en injectant des silicones derrière la rétine; un chirurgien de génie.

« Il faut le voir, a-t-il dit à Florence. Vous n'avez pas à hésiter, même s'il n'y a qu'une seule chance, il faut la courir. »

Voilà un homme humain, sachant se dépouiller de son orgueil, voilà un vrai savant, sachant reconnaître qu'il existe plus expert que lui, voilà un homme d'accueil et d'énergie.

Comment, lorsqu'on rencontre de tels hommes, quand on mesure l'amour de cette mère, la volonté de Marie, comment ne pas dire et croire que la générosité, l'amour peuvent toujours l'emporter.

L'histoire de Marie ne finit pas comme un conte de fées.

À Vienne, elle a subi cinq opérations. Elle ne sera pas aveugle, mais lourdement handicapée par une vision partielle, et elle vivra avec le risque de la cécité.

Mais *elle voit*. Quelle que soit l'évolution de sa maladie, le combat qu'elle a mené, la volonté qu'elle a déployée, son refus de se considérer comme soumise à un destin injuste ne seront pas perdus.

D'une certaine manière, elle a vaincu sa maladie parce qu'elle l'a affrontée lucidement.

Entre la mère et la fille, les liens d'amour sont si puissants qu'ils sont pour l'une et pour l'autre la meilleure garantie contre le désespoir, une assurance, dans la difficulté, de bonheur.

Elles ont, l'une et l'autre, été au-delà d'elles-mêmes.

« Si tu veux viser juste, regarde, au-delà de la cible, l'horizon. »

29

Va au-delà de ce qu'on te montre, va au-delà des images

SOIS CURIEUX DES HOMMES ET DE CE QU'ILS FONT.

Sois enthousiaste devant l'aventure humaine, mais ne te contente pas d'en être le spectateur.

LIS, TRAVAILLE, APPRENDS, MÉDITE, INTÉRESSE-TOI À TOUTES LES ACTIVITÉS HUMAINES, ET PARTICIPE À CETTE CRÉATION PERMANENTE QU'EST L'HISTOIRE DES HOMMES, TON HISTOIRE, NOTRE HISTOIRE.

Et d'abord, LIS.

Je sais que l'époque est aux images.

Elles se succèdent devant nous, s'effaçant l'une l'autre. Que reste-t-il après leur passage ? Une émotion, de vagues souvenirs, une atmosphère.

Mais l'image, c'est l'instant ; d'après l'image, tout dans notre vie et celle du monde semble fait d'éclats qui se détruisent et s'annulent. L'image est le reflet d'un monde du chaos et de l'émiettement.

Toi-même, si ton information provient de l'image seulement, tu es éclaté en une série de sensations.

Tu crois savoir, et tu ne sais pas.

Car savoir, c'est percevoir la cohérence des choses, des événements, des personnes.

Il faut, pour atteindre au savoir, découvrir les liens qui expliquent l'origine et les causes de toutes choses.

L'image te soumet au désordre.

Avant d'inventer l'écriture, les peuples n'avaient qu'une connaissance discontinue, obtenue par la vision. Ils croyaient ce qu'ils voyaient ; pour eux, c'était là la vérité. Mais ce que l'on voit n'est pas ce qui est.

Si tu ne sais pas qu'un moteur est placé sous le capot d'une voiture, tu peux imaginer – comme le ferait un primitif qui te regarderait conduire – qu'il suffit d'un volant pour faire avancer un véhicule.

Lorsque, pendant la Seconde Guerre mondiale, des tribus de Nouvelle-Guinée ont vu s'écraser chez eux un avion, elles ont imaginé qu'il s'agissait d'un oiseau venu du ciel. Que pouvaient-ils savoir, ces hommes de l'âge de pierre, des principes et des moyens qui permettent à un objet plus lourd que l'air de voler ?

Parce qu'on ne voit pas que la terre est ronde, les hommes ont cru, durant des millénaires, qu'elle était plate.

Parce qu'on voit le soleil disparaître chaque jour et ressurgir chaque matin à l'horizon, après s'être couché à l'ouest, les hommes ont longtemps cru que le soleil tournait autour de la terre.

À l'image, on peut tout faire dire. L'image te transforme en voyeur inactif et soumis.

Je me suis souvent demandé ce que les gens qui ont visité à Paris, en 1942, les expositions organisées contre les étrangers, les juifs, ont pu penser de ces visages laids, rendus laids par la manière dont on les avait photographiés.

Ce qu'ils ont imaginé quand ils assistaient aux projections d'images d'actualité habilement conçues par Goebbels, le ministre de la propagande de Hitler, qui montraient la guerre du point de vue nazi.

Qu'étaient, si l'on s'en tenait aux images, les résistants, les déportés ? Des hommes et des femmes aux mines patibulaires, mal rasés ou dépenaillés, inspirant la sueur et le dégoût.

Et je sais qu'à Paris, quand on a fusillé des résistants d'origine étrangère, on a placardé leurs portraits sur les murs, afin qu'on les voie. Ils avaient, parce que photographiés dans cette intention, des traits d'assassins. Et certains Français ont cru ce qu'ils voyaient.

Qu'il était émouvant et noble, au contraire, le masque digne de ce beau vieillard qu'était le maréchal Pétain. Celui-là même qui, pourtant, acceptait qu'on sépare des milliers d'enfants – certains n'avaient pas deux ans – de leurs parents, et qu'on expédie les uns et les autres vers les chambres à gaz et les fours crématoires. Mais cela, on ne le voyait pas.

Souvent, la télévision nous montre des visages, des personnes, des événements et nous croyons parce que nous voyons.

On nous a montré des fosses remplies de cadavres en Roumanie. On nous a dit qu'ils avaient été abattus, torturés. Puis nous avons appris que cette explication de l'image ne correspondait pas à la réalité.

Des millions d'hommes et de femmes ont cru durant des années à la vigueur, à la santé, à la popularité des régimes totalitaires parce que les images que ces régimes donnaient d'eux-mêmes étaient convaincantes : foules en liesse, parades méticuleusement organisées.

Qui montrait les prisons et les camps ? Quelle image aurait pu faire connaître la peur diffuse, les délations, l'oppression ?

LIS.

Si tu veux comprendre la crise de notre monde, c'est un effort d'intelligence qu'il te faut fournir. Ne t'en tiens pas au spectacle. Car même lorsque les images montrent la crise, elles n'établissent pas, par elles-mêmes, de liens, elles n'expliquent ni la cause des événements ni leurs enchaînements.

LIS, ET AINSI TU COMPRENDRAS.

Il te faudra faire un effort. Mais cet effort individuel de ta pensée te conduira à RÉFLÉCHIR PAR TOI-MÊME, et, dans cette démarche, tu acquerras un sens critique, une réflexion personnelle. Tu cesseras d'être un grain d'homme manipulé, pour devenir un HOMME HUMAIN, cherchant à comprendre.

Car c'est par la réflexion personnelle et, au-delà de l'image, par la lecture, l'observation réfléchie, ce qu'on appelle le recours à la science, et donc au calcul, que les hommes sont parvenus, malgré les apparences, à démontrer que la terre était ronde, qu'elle tournait autour du soleil.

Pense à Galilée, condamné pour avoir osé expliquer cela, obligé de se renier pour sauver sa vie, car la bêtise est souvent souveraine. Après plusieurs siècles, c'est lui dont on retient le nom et le courage, ses inquisiteurs sont demeurés obscurs.

LIS. FORGE-TOI UNE OPINION qui ne tienne pas seulement compte de ce que tu vois, cherche à aller au-delà, pour comprendre les mécanismes.

Si l'on veut sortir de la crise, IL FAUT QUE CHAQUE HOMME DEVIENNE UN CITOYEN LUCIDE, IMPOSSIBLE À MANIPULER, LIBÉRÉ DE LA DICTATURE DE L'IMAGE.

La crise de notre monde a en partie pour cause cette soumission du plus grand nombre à une vision des choses déterminée par les médias de masse.

Les images sont relayées dans l'ensemble du monde, et la voix des hommes humains ne peut se faire entendre.

Quand on décide d'apporter de l'aide à la Somalie et qu'on fait débarquer sur les côtes de ce pays des soldats, les caméras sont là, avant les hommes en armes.

L'heure du débarquement a été fixée pour que les images soient diffusées en direct dans les grands journaux télévisés américains. Le ridicule de ces scènes – des hommes font le simulacre de la guerre sous des projecteurs, et dans la ruée des journalistes – a scandalisé bien des observateurs.

Les mois ont passé, et l'ordre n'est pas rétabli en Somalie. On s'y bat. Les organisations humanitaires quittent ce pays toujours aussi déchiré. On nous montre de nouvelles images. Mais qui a expliqué dans sa complexité la situation de la Somalie ? Qui a montré les liens qui unissaient les images successives, qui a démonté les causes de la crise ?

Nous avons été témoins et nous ne savons rien.

Si le monde s'enfonce ainsi dans un chaos d'images sans autre élément d'explication, alors la crise ne peut que s'approfondir.

Nous nous abîmerons alors dans un temps de troubles où des princes isolés prendront les décisions, ils nous montreront des spectacles que nous applaudirons, dont nous nous étonnerons, ou nous indignerons, sans en comprendre le sens.

LE MONDE NE PEUT ÉCHAPPER À CET ABÎME QUE SI CHACUN DE NOUS RÉUSSIT À COMPRENDRE ET RÉAGIR.

POUR CELA, IL FAUT D'ABORD ÊTRE LIBRE DE SA PENSÉE.

SI TU LIS, TU CONQUERRAS CETTE LIBERTÉ.

30

Fais de ta vie une création jamais achevée

IL TE FAUT CRÉER, car LA VIE EST CRÉATION.

Or, et c'est là un autre signe de la crise de notre monde, la possibilité et l'envie de créer disparaissent peu à peu.

On nous apprend à accepter, à répéter, à subir, à nous asseoir en spectateurs silencieux, gorgés d'images, avec, pour toute liberté, celle d'appuyer sur les boutons de la télécommande.

Nous sommes ainsi peu à peu dépossédés du désir de créer par nous-mêmes.

Ainsi, l'art culinaire de nos mères ou de nos épouses, différent d'une famille à l'autre selon les dons particuliers et la personnalité de chaque cuisinière, cette création quotidienne qui inscrivait dans notre mémoire la saveur des plats de l'enfance et nous ancrait dans une tradition, cette création a disparu.

Manque de temps et de savoir.

Le « gain de temps » pour les femmes s'est traduit par une « normalisation » et un appauvrissement.

Plus de cuisine « maison », mais des plats surgelés, achetés chez un traiteur, fabriqués par des « usines ».

Qu'avons-nous gagné à cela ? Il semble que nous y avons perdu de nous-mêmes, perdu un art qui était un effort certes, mais aussi un plaisir, une création.

Il en va de même pour le travail.

L'artisan était un artiste. La chaise ou le costume qu'il fabriquait portaient sa marque. Ils étaient issus de son savoir, de son effort. Sa vie de travail était une vie de création, et il trouvait dans cette création du plaisir.

Que reste-t-il de cela depuis l'apparition du travail en série ?

Mon père me fabriquait de petits jouets avec un morceau de bois, un bouchon et des clous. Et cette « création » me faisait rêver. Mes fils et leurs camarades se font offrir des jouets en plastique, tous semblables, et ne représentant plus aucune tradition, fabriqués en Asie, d'après des modèles inspirés par les programmes de télévision américains, et vendus dans le monde entier.

Ce qui était jadis œuvre d'art est aussi produit en série, ou fabriqué en vue d'une vente massive.

Où est passée la création singulière, difficile à comprendre parfois, mais qui, peu à peu, modifiait notre manière de voir, révélait la face cachée des choses ?

LA CRISE DU MONDE VIENT DE CETTE MORT DE LA CRÉATION.

S'IL N'Y A PLUS DE CRÉATION, IL N'Y A PLUS DE LIBERTÉ DE LA PERSONNE.

Celui qui ne crée pas est dépossédé de ce qu'il y a de plus précieux, de sacré en lui-même. Il a le sentiment de n'être rien, et tout en lui se révolte contre cette situation.

Certains deviennent fous. Ils sont prêts à tout pour échapper à ce « rien », à cette absence de joie qu'est la vie sans création. Ils s'évadent alors, et créent un univers artificiel qui leur donne l'impression de vivre libres : ils usent et abusent de l'alcool ou de la drogue.

Leur réaction est une autodestruction.

D'autres s'expriment en « créant » de la violence. Ils adoptent des comportements et une apparence agressifs. Un petit nombre accomplit même des actes extrêmes, menace, tue. Quelques-uns arrivent à exprimer, de manière primitive et brutale, leur désarroi, leurs frustrations : ils gribouillent les murs, les moindres surfaces, des signes de leur existence. Ces barbouillages sont les symboles d'un besoin de créer qui ne peut pas aller au-delà du balbutiement.

Tu dois échapper à ces dérivatifs de la création. Tu dois créer.

Ne te soucie pas de savoir si tu es un artiste.

TOUT HOMME EST UN CRÉATEUR.

Écris si tu en ressens le besoin. Peins si cela t'est nécessaire. Photographie si saisir le monde dans un objectif est ta passion. L'important est que tu crées.

Et avant toutes choses, CRÉE TA VIE.

Exprime par ta création ce que tu es. SOIS TOI-MÊME.

CRÉE TA VIE, c'est-à-dire, le jour où tu rencontreras le ou la partenaire que tu aimeras, unis-toi à lui et fais des enfants.

CAR SI LA VIE EST CRÉATION, DONNER LA VIE EST L'ACTE SUPRÊME.

Tu dois peser ta décision. Car cet enfant qui naîtra, tu en seras responsable toute ta vie. Il te faudra lui donner le goût de la vie et de l'Humain. Et tu ne pourras lui servir de tuteur que si toi-même tu sais VIVRE DEBOUT.

Certains refusent cette joie unique par crainte de la crise et du chaos que cet enfant aura à affronter, par crainte aussi de la barbarie ou, même, de tous les accidents qui peuvent interrompre une vie. Crois bien que je comprends cela, je te parle en connaissance de cause.

Et cependant, cette création de la vie, je l'ai toujours souhaitée. Elle est un pari, mais il faut le relever, accomplir cet acte de confiance dans le futur.

Chaque génération d'hommes a dû affronter des crises. J'ai grandi dans la guerre et la terreur, et sans doute mon père, quand je suis né, en 1925, n'imaginait pas – qui pouvait le concevoir ? – que nous deviendrions, pour d'autres, moins que des bêtes, des choses à exterminer. Mais je ne crois pas qu'il ait jamais regretté d'avoir eu des enfants. Et, malgré le sort des miens, j'ai fait à mon tour confiance à la vie.

À côté de cette création suprême, n'oublie pas toutes les autres.

Ton métier doit être ta création aussi. Tu dois, même au sein d'une entreprise, d'un groupe, tenter d'innover, de créer.

Je suis si persuadé du rôle décisif de la création, que j'ai fondé l'Arche du Futur aussi pour l'accueillir : j'ai voulu des lieux pour exposer les toiles des jeunes artistes, un amphithéâtre pour écouter la musique de jeunes interprètes...

Mais je ne me suis pas contenté de cela. J'ai voulu que l'Arche du Futur soit, elle aussi, création.

Une création faite avec ce que les hommes avaient parfois rejeté ou qu'ils avaient construit pour détruire. J'ai voulu que cette réalisation soit ainsi vraiment une preuve que l'homme peut, à partir de ce qui est condamné ou même destructeur, montrer que LA VIE RENAÎTRA DE LA NUIT [1].

J'étais devant mon projet comme ces artistes qui se servent de ce qu'ils trouvent pour bâtir leur œuvre. Je suis allé ainsi à Carrare prendre des déchets abandonnés, des chutes de marbre pour édifier une fontaine monumentale, je suis allé dans les usines et les ateliers choisir des établis, des pièces usinées. Pour construire des gradins, j'ai obtenu des chenilles de chars d'assaut et ce métal, fait pour écraser, est devenu un élément de vie...

Cette réalisation devait être un lieu privilégié, le lieu symbole de la démarche que j'engageais en faveur des jeunes.

Ainsi, l'Arche du Futur est le fruit de ma volonté, mais, sous la direction d'un talentueux architecte innovateur, Thierry Valfort, de nombreux jeunes artistes, sculpteurs, peintres, décorateurs, artisans, compagnons de France, en ont assuré l'édification ou

1. Titre de l'un de mes livres paru aux Éditions Robert Laffont.

l'aménagement, pour en faire ce qu'elle est devenue aujourd'hui : une œuvre d'art.

À l'Arche du Futur, comme ailleurs, il faut que la création soit stimulée par le contact avec les autres.

CAR CRÉER, C'EST D'ABORD RENCONTRER D'AUTRES HOMMES, CRÉER DES LIENS, CRÉER L'AMITIÉ ET L'AMOUR.

31

Bâtis aujourd'hui les fondations de ton avenir

L'avenir te préoccupe, n'est-ce pas ?

Et tu n'as peut-être pas trouvé dans ces pages ce que tu cherchais : *des recettes pratiques.*

Qui sait si tu n'attendais pas une indication pour rédiger le curriculum vitae que tu dois envoyer à une entreprise ?

Qui sait si tu n'espérais pas un conseil précis pour faire face à une maladie, à un déchirement familial ou à un problème financier ou professionnel ?

Non, ce livre veut te donner autre chose : *les fondations et l'armature.*

Quand tu regardes un immeuble, tu vois la couleur de la façade, tu peux aussi compter le nombre de fenêtres.

Mais tu ne vois pas les fondations, ni les poutres maîtresses, dissimulées par le plâtre et la peinture.

Eh bien, ce livre se veut être, pour ta personnalité, la structure à partir de laquelle tu peux achever la construction, et agir.

C'est cela qui manque aujourd'hui aux hommes et

à notre monde. L'enracinement dans des fondations profondes et stables, l'appui sur des structures fermes et résistantes.

Notre monde est à l'image de ces immeubles de la ville de Mexico, des immeubles modernes qui, en 1965, lors d'un tremblement de terre, s'effondrèrent comme des constructions de papier, alors que les vieilles demeures résistaient.

Il y eut des milliers de morts, et l'on se rendit compte que ces immeubles n'avaient pas de fondations.

Les entrepreneurs, les ingénieurs, les fonctionnaires de la ville, pour gagner du temps et de l'argent, avaient renoncé à donner des racines à ces belles bâtisses. À cause de cette criminelle négligence, en quelques secondes, furent ensevelies des milliers de personnes.

Notre monde en crise est lui aussi sans fondations. Nos contemporains sont comme ces constructions tout en façade et en apparence. Ils n'ont plus de racines.

Mon livre veut être un moyen pour toi DE BÂTIR LES FONDATIONS, TA PERSONNALITÉ.

Le reste – les recettes –, tu le trouveras par toi-même, ou dans d'autres livres.

Or, LE PLUS IMPORTANT, CE SONT LES FONDATIONS, ce sont elles qui te permettront d'édifier ton action, de concrétiser tes espoirs.

NE CONSTRUIS PAS SUR DU SABLE, à la première secousse tu t'effondreras.

Ne commence pas par le plus apparent, bâtis le plus profond, et le plus nécessaire.

Sache aussi que l'on n'en a jamais fini avec les

fondations de soi. Car, chaque jour, tout change autour de toi, en toi. Le monde bouge, le temps passe et tu vieillis.

Tu dois donc aussi adapter tes fondations.

C'est continuellement que tu dois veiller à cette assise qui te permet de tenir debout. Si tu relâches ta vigilance, si tu laisses les fissures apparaître puis s'élargir, alors tu seras ébranlé, et peut-être détruit.

L'AVENIR DÉPENDRA DE CE TRAVAIL QUOTIDIEN, DES FONDATIONS QUE TU AURAS BÂTIES.

Plus tu seras allé profond en toi-même, plus tu seras apte à résister, à t'adapter.

Ce que tu fais aujourd'hui – en lisant ce livre, en réfléchissant à toi-même, en t'imposant une discipline – détermine ton avenir.

CAR LE FUTUR, TON FUTUR, C'EST AUJOURD'HUI QU'IL COMMENCE.

Chaque jour déferlent sur toi des problèmes à régler ; si tu ne les affrontes pas, ils s'accumulent.

Si tu remets à demain ce que tu peux faire aujourd'hui, alors ton futur est compromis, hypothéqué.

DEMAIN, C'EST AUJOURD'HUI ; pour toi, pour tout le monde.

Sais-tu d'où vient, en grande partie, la crise de notre monde ?

Non pas de la méconnaissance des problèmes. Des milliers d'experts ont rédigé des centaines et des centaines d'ouvrages pour décrire et annoncer ce qui se produit.

Qui ne savait il y a dix ans que la population du monde allait atteindre plus de six milliards d'hommes ?

Qui ne savait que les flux de population allaient se diriger des régions les plus pauvres vers les plus riches ?

Qui ne savait que les révolutions technologiques et scientifiques allaient provoquer la suppression de millions d'emplois ?

Mais on n'a pas su, pas voulu, affronter ces problèmes, et on a laissé les maux s'aggraver, les conséquences dramatiques se multiplier.

Vient toujours un moment où ce qui n'est qu'une plaie facile à guérir se transforme en source de gangrène. Ce n'est plus alors des soins locaux qu'il s'agit de prodiguer, il faut amputer. Mais on n'a pas le courage de s'y résoudre. On sait déjà de quoi sera fait le futur si l'on n'intervient pas. Mais on refuse d'agir. On remet à demain.

OR LE FUTUR, TON FUTUR, CELUI DE NOTRE MONDE, SE CRÉE, S'INVENTE AUJOURD'HUI.

Si rien n'est jamais acquis, rien non plus n'est définitivement perdu.

L'homme est un infini, capable de trouver en lui des ressources et des solutions inattendues.

L'homme est capable de toutes les adaptations et de toutes les surprises.

Mais, je le répète, tu dois inventer ton futur, notre futur, dès maintenant.

Il ne suffit pas d'aller de plus en plus vite, encore

faut-il savoir vers quel but, et quel est le sens de ce parcours.

Il ne suffit pas de produire de plus en plus, si l'on ne sait ni répartir, ni partager, ni vendre à des acheteurs trop pauvres...

Nous produisons de plus en plus de blé, mais l'entassons, et le détruisons même ! Nous mettons les terres en friche et payons les paysans pour cela, alors que quatre hommes sur cinq souffrent de la faim sur notre planète ! Voilà notre folie !

UN AUTRE FUTUR QUE CELUI QUI SE DESSINE AUJOURD'HUI EST POSSIBLE, UN FUTUR PLUS HUMAIN.

L'homme a les moyens de vivre en harmonie sur cette terre, et d'éviter les trop grandes souffrances. Comment est-il possible qu'il ajoute aux cruautés naturelles de la vie – la maladie par exemple – la torture de la faim et de la guerre, la violence, et les folies de la haine ?

CHAQUE JOUR, PENSE À TON FUTUR, AGIS EN FONCTION D'UN AUTRE FUTUR.

DEMAIN, C'EST DÉJÀ HIER.

32

Tu es un élément de ce tout, le monde

Le futur qu'il te faut inventer aujourd'hui, c'est UN FUTUR QUI RESPECTE LA VIE, TA VIE, ta personnalité, ce que tu es au fond de toi, qui respecte les autres, qui respecte le monde et toutes les formes de vie.

Il y eut un temps où les hommes pensaient que la vie était une guerre sans fin qui devait se conclure à chaque instant par leur propre victoire sur les autres.

Les autres, c'était les autres hommes, mais aussi toutes les espèces vivantes, la nature, le monde.

Chaque homme se sentait un prédateur, et toute chose, matérielle ou vivante, animale ou humaine, était sa proie.

Je sais que cette version est encore partagée par la plupart des hommes qui nous gouvernent, ou aspirent au pouvoir.

Ils conçoivent le pouvoir et l'action comme s'ils étaient des chefs de guerre. Pour asseoir leur autorité, il leur faut écarter des concurrents. L'homme politique est un tueur, dit-on.

Dans notre vieille Europe, les combattants ont

repris les armes, et se conduisent comme des barbares, plus barbares encore que ceux du Moyen Âge, car ils disposent des armes modernes.

De même, on voit partout – mais surtout dans ces pays du Sud, qui sont d'immenses terrains de chasse pour ceux du Nord – la nature exploitée, les espèces traquées, et, bien sûr, les hommes soumis à la terrible loi du profit.

Que vaut la vie d'un enfant qu'on envoie fouiller une mine d'or, comme un rat, parce qu'il peut se glisser dans des boyaux étroits ?

Que vaut la vie d'un enfant ? Le prix de l'organe qu'on lui enlève pour le vendre à quelqu'un qui pourra le transplanter sur son enfant à lui ?

Que vaut la nature ?

Un écrivain uruguayen, Eduardo Galeano, raconte comment – quel plus terrible symbole pourrait-on trouver ? – l'on cultive en Colombie, sur d'immenses plantations, des tulipes pour la Hollande et des roses pour l'Allemagne.

Les pays européens envoient les plants dans les savanes de Colombie. Quand les fleurs ont poussé, on les expédie en Europe.

Aux uns les fleurs, aux autres les terres dévastées par les insecticides et les engrais toxiques, interdits en Europe, mais autorisés en Colombie.

Aux uns la beauté des bouquets, aux autres les eaux et les terres chargées de plomb, ce qui entraîne pour les habitants, par suite de l'utilisation des eaux de la savane, des taux de cancer parmi les plus élevés du monde.

Voilà la réalité d'aujourd'hui, voilà comment nous

continuons à ne respecter ni la nature ni les hommes, comment nous nous comportons en destructeurs, alors qu'il faudrait RESPECTER NOTRE TERRE-PATRIE.

Terre-patrie, cette expression inventée par le philosophe Edgar Morin, dit bien ce que nous sommes en cette fin du XXe siècle : les habitants d'un monde unifié.

Ton futur dépend du futur du monde.

Ton avenir est lié à ce qui se passe à l'autre bout de la planète.

Quand une centrale atomique explose à Tchernobyl, les nuages radioactifs passent sur tous les pays d'Europe et les plantes à parfum récoltées en Provence sont chargées pour des mois d'une radioactivité élevée.

AUJOURD'HUI, NE PAS ORGANISER NOTRE TERRE, NE PAS PENSER ENSEMBLE À NOTRE FUTUR, C'EST SE DIRIGER VERS L'ABÎME.

TON FUTUR DÉPEND DU SORT RÉSERVÉ AUX AUTRES HOMMES ET AUX CONDITIONS FAITES À LA NATURE.

Que l'on empoisonne les eaux des grands fleuves avec des matières radioactives et les pluies, à des milliers de kilomètres de là, seront radioactives.

Que l'on empoisonne les mers et les océans avec des déchets toxiques ou radioactifs, que les fleuves qui s'y jettent soient chargés de substances dangereuses, et toutes les chaînes de la vie seront compromises : algues, plancton, coquillages, poissons... Au bout, il y a l'homme qui se nourrit de poisson ou de coquillages, et dont le sang va se charger de plomb –

par exemple. Les maladies dégénératives peuvent ainsi se multiplier.

Que l'on exploite les enfants en Asie ou en Amérique latine, que le travail y soit réalisé à des tarifs cent fois inférieurs à ceux pratiqués en Europe, et des centaines, des milliers, et bientôt des millions d'emplois seront supprimés ici.

TON TRAVAIL, ICI, DEMAIN, DÉPEND DE L'ORGANISATION DU MONDE, DU RAPPORT ENTRE TON PAYS – riche, développé – ET LES RÉGIONS PAUVRES.

TU SERAS APPAUVRI PAR LA PAUVRETÉ DES AUTRES.

Il faut que l'homme d'ici comprenne cela, et qu'il agisse pour que cette situation change.

Cette constatation aujourd'hui évidente que la pauvreté des uns n'est pas la source de la richesse des autres – à l'exception bien sûr de ceux qui se nourrissent de toutes les pauvretés confondues – nous rappelle la nécessaire fraternité des humains.

LES HOMMES SONT SOLIDAIRES – ou devraient l'être – parce que leur sort est lié.

Ainsi, aujourd'hui, les grands préceptes présents dans toutes les religions, peu à peu, se trouvent rendus évidents.

QUI DÉTRUIT SE DÉTRUIT.

Celui qui abat les arbres, celui qui pourchasse les espèces vivantes, celui qui pollue les océans et intoxique les sols dans le but d'obtenir un profit maximum dans le temps le plus court, celui-là détruit le monde où il vit et où vivront ses enfants.

QUI TUE EST TUÉ. QUI APPAUVRIT S'APPAUVRIT.

Ce ne sont plus là des préceptes religieux, mais des réalités dont trop peu d'hommes encore ont pris conscience.

Chacun continue d'agir comme s'il était seul, comme si son pays était une île, comme si l'exploitation des uns par les autres n'avait pas atteint ses limites, comme s'il n'était pas criant que nous devons maintenant, dans ce futur qui commence aujourd'hui, organiser le monde.

Comment y parvenir, me demanderas-tu ?

Et tu ajouteras n'être qu'un homme sans pouvoir politique, qui ne peut peser sur le destin du monde.

Ne crois pas cela.

Chaque pensée compte.

Chaque acte pèse. CHAQUE HOMME PORTE EN LUI LE DESTIN DE L'ENSEMBLE DES HOMMES. CE DESTIN DÉPEND DE LUI.

Tu dois te sentir solidaire des autres hommes.

Je ne prêche pas le sacrifice de ta vie.

Chacun agit comme il le peut, comme il en sent le devoir.

Dans les lettres que je reçois, certains m'annoncent qu'ils participent à des actions humanitaires. Quelques-uns ont ainsi fait partie de missions en Afrique ou dans les Balkans.

D'autres me parlent simplement de leur vie, et de la manière dont ils comptent bâtir leur futur. Et beaucoup me racontent à quelles difficultés ils doivent faire face.

SOIS SOLIDAIRE, ne fût-ce qu'en esprit, car cela aussi pèse.

Il y a autour de notre planète, j'en suis sûr, comme un réseau des ondes émises par chacune de nos âmes.

Certains se contentent d'appeler cela « l'opinion publique mondiale ». Qu'on donne à cela le nom qu'on veut, mais sache que nos paroles, nos pensées, nos actes pèsent sur l'orientation du futur.

N'OUBLIE JAMAIS QUE TU FAIS PARTIE DE L'ENSEMBLE DES HOMMES ET DE LA NATURE, DE L'ENSEMBLE DES ESPÈCES VIVANTES.

TU ES UN ÉLÉMENT DE CE TOUT.

Ne cesse jamais d'avoir conscience de cela.

Si tu le penses avec force, si tu agis en conséquence, alors, ce respect du monde et des autres, ce respect de la vie aidera les hommes à sortir de la crise, formera un barrage contre la barbarie.

33

Reste humain, console et compatis

La raison te conduit aujourd'hui, devrait conduire tous les hommes lucides à être solidaires, à refuser les inégalités criantes.

L'égoïste, même, s'il voyait loin, serait généreux, et lutterait pour une autre organisation du monde.

Mais les hommes restent souvent aveuglés.

Des milliards d'hommes pauvres se pressent et réclament le droit de vivre, et nous imaginons pouvoir les maintenir dans cet état de dépendance et d'humiliation, alors qu'à nos portes éclatent déjà les bombes de l'intégrisme et du fanatisme.

Mais ce n'est pas seulement un égoïsme bien compris qui doit te diriger. Il ne suffirait pas à mettre en mouvement les hommes en vue de plus de solidarité, de plus d'égalité, de plus de justice.

TU DOIS ÊTRE SOLIDAIRE PARCE QU'UN HOMME, QUELLE QUE SOIT LA COULEUR DE SA PEAU OU SA RELIGION, EST UN HOMME, ET QUE TU DOIS RESPECTER LE SACRÉ DE LA VIE EN LUI.

Tant que des hommes, des enfants seront traités

comme matière ou comme esclave – certains enfants, tu le sais, sont poussés à la prostitution pour des hordes de « touristes » venus d'Europe ou des pays riches d'Asie – tu ne seras pas, toi, tout à fait un HOMME-HUMAIN, même si tu n'es pas directement responsable de cette situation.

Tu participeras, que tu le veuilles ou non, de cette barbarie qui ronge notre monde. Tu ne peux échapper à cette complicité qu'en agissant, qu'en pensant différemment.

L'Arche du Futur que je construis aura pour objet, aussi, de débattre de toutes ces questions, d'aider les jeunes à s'ouvrir au monde, à s'organiser.

Il faut que tu apprennes à analyser, pour prévoir.

Que seront demain nos villes, nos pays, si nous laissons la barbarie régner, la violence se répandre de quartier en quartier ?

Que sera le travail ici, si les usines s'installent ailleurs, dans les pays où règle un esclavage de fait ?

Mais, surtout, tu dois éprouver pour les autres ce sentiment de FRATERNITÉ sans lequel il ne peut exister longtemps de pensée et d'action généreuses.

Et je voudrais que tu te pénètres du sens de ces deux mots, peut-être les plus émouvants de la langue, présents dans toutes les langues, au cœur de toutes les religions et pensées humanistes : COMPASSION ET CONSOLATION.

Tu dois, autour de toi, mettre en œuvre la compassion et la consolation.

Ces deux mots sont une manière de décliner le mot AMOUR.

Inutile de t'interroger longtemps à ce sujet : les hommes et les femmes en difficulté – tes proches – ont d'abord besoin de ta compassion et de ta consolation.

Et si ces deux mots devenaient, à la surface de la terre, les mots de passe du comportement humain, alors, le monde sortirait de sa crise.

Espère-le.

Même si tu sais que cette espérance est limitée, que les forces de la violence l'emporteront pour longtemps encore, que la guerre va se poursuivre, et l'exploitation des personnes s'aggraver, mets en œuvre la compassion, la consolation, montre l'exemple.

Même si tu ne fais pas école, tu seras PLUS HUMAIN.

Certains diront qu'il s'agit là de propos religieux.

Peu m'importe, car je crois que les religions ne font qu'affirmer avec force, tenter de faire comprendre que L'HOMME DOIT PRATIQUER L'AMOUR À L'ÉGARD DES AUTRES HOMMES.

J'ai vu des hommes, qui n'étaient pas croyants, prendre dans leurs bras des blessés, des mourants, et leur parler comme le font les hommes de la religion.

Ces consolateurs apportaient à l'homme mourant la présence fraternelle, et la voix humaine.

Et je me souviendrai toujours de cet homme qui m'a dit que, face au désespoir et à la misère profonde, seuls la compassion et l'amour pouvaient consoler. Il fallait, disait-il, prononcer des paroles simples et chargées de sentiments, et toucher en même temps le corps de l'homme affaibli, le caresser, comme s'il était un enfant.

Chaque homme est resté un enfant apeuré, et c'est cet enfant qui implore l'affection et le soutien, quand la crise broie l'homme.

CONSOLE LES AUTRES, ET TU T'EN TROUVERAS RENFORCÉ, ENRICHI, ENNOBLI, À TES PROPRES YEUX.

Toi aussi, tu as BESOIN DE L'AUTRE. Tu as besoin d'établir cette relation affective avec une personne.

Si tu acceptes les difficultés de l'autre, c'est que tu es toi-même fort, et capable d'affronter les problèmes.

Ainsi, tu sortiras de ce cercle étouffant de la solitude et de l'égoïsme, destructeur de ta personne – et du monde.

Tu affirmeras ainsi ta CONFIANCE EN TOI, ET EN L'AUTRE.

Ta compassion, le fait que tu consoles, prouveront que tu crois, espères, aimes.

C'est comme cela, d'homme à homme, par un geste ici, une parole là, que le réseau de la fraternité peut s'étendre, que l'homme peut faire triompher l'humain, que L'HUMAIN PEUT VAINCRE LA BARBARIE.

Mais, tu le sais bien, ce n'est là qu'un espoir. Tu veux – nous voulons – croire à sa réalisation, mais je ne peux te faire avancer avec les seules armes de la compassion et de la consolation, alors que d'autres te tendront des embuscades avec des armes de guerre.

Combien de membres d'organisations humanitaires ont été abattus dans tous les pays par des barbares qui perpétuent le vieux, lc primitif comportement de guerre ?

Défends-toi donc.

Mais n'oublie jamais que celui que tu combats est un autre toi-même.

N'accepte jamais d'être utilisé, humilié, battu, lutte pour défendre ta vie, mais dès lors que tu t'es protégé de ton ennemi, respecte-le comme l'homme qu'il est.

Je sais, pour les avoir combattus jusqu'à la mort, qu'il y a des animaux à visage d'homme, je t'en ai déjà parlé.

Mais même avec ceux-là, fais le PARI DE L'HOMME.

Ne les laisse pas faire renaître les monstrueuses pensées d'hier, mais n'applique pas leurs méthodes barbares, ne les nie pas comme hommes, car alors, toi-même, tu te nierais comme homme.

Reste humain, c'est cela qui est important.

N'OUBLIE JAMAIS QUE L'AUTRE PORTE EN LUI LE SACRÉ DE LA VIE. Qu'il est ton semblable.

Même s'il te faut lutter, CROIS AU FUTUR, ESPÈRE EN LUI. AIME, COMPATIS ET CONSOLE.

Ainsi, tu resteras debout, même dans notre monde en crise.

34

Sois confiant : ce n'est pas la mort qui gagne

Peut-être t'ai-je convaincu ?

Tu es prêt à cet engagement d'intelligence et de cœur.

Tu veux comprendre, créer, devenir toi-même.

Tu veux aller vers l'Autre, contribuer à organiser le monde.

Tu ne veux pas être écrasé par l'Autre, mais tu veux te souvenir aussi qu'il est un homme, une part vivante du sacré de la vie.

Tu veux être un homme-humain et non un animal à visage d'homme.

Tu espères, tu crois, tu te veux fraternel, et tu sais que l'amour et la générosité sont les clés qui brisent l'isolement et aideront le monde à s'organiser.

Et cependant, sans doute as-tu au bout de tes lèvres cette question sur le temps, sur la course de vitesse qui est engagée... Est-il encore temps d'agir pour voir l'amour triompher de la haine ?

C'est vrai qu'en cette fin de siècle, pour toi et l'ensemble des hommes, un défi est lancé.

IL FAUT QUE LA RAISON ET LA GÉNÉROSITÉ L'EMPORTENT, VITE, SUR LES FORCES BARBARES QUI SONT À L'ŒUVRE.

Ou le monde s'organise, ou il s'approche de l'abîme.

Il faut avoir cette conscience du péril, ce sentiment de l'accélération de l'histoire.

Souvent je pense à ce qui vient de se produire en moins de cinq années. À la fin de tout un monde, de cet immense Empire : ses murs, ses principes, ses hymnes et ses drapeaux, tout cela, qui se voulait invincible, a disparu.

Mais, en même temps que s'effondrait l'Empire soviétique, tous les problèmes s'en trouvaient révélés. Et la guerre reparaissait, au Moyen-Orient et en Europe.

Un siècle se termine, et nous sommes à la croisée des chemins.

LE FUTUR A COMMENCÉ.

Tout dépendra de ce que nous faisons aujourd'hui pour ce futur.

Il faut donc agir vite.

Tu doutes ?

Tu t'inquiètes ?

Mais il en va toujours ainsi dans l'histoire des hommes, et l'histoire de chacun.

La vie est toujours une course contre la mort, et cependant, LA MORT NE GAGNE PAS.

Je sais qu'en disant cela, je peux te paraître aveugle au sort des hommes.

Est-ce que la mort n'est pas au bout de toute vie ?

Est-ce que ceux que l'on a aimés ne disparaissent pas, laissant en nous ce vide, insupportable et cruel ?

Je ne le crois pas.

Une vie ne disparaît pas parce que la mort la tranche. Elle change de forme.

Les miens sont morts, et je les porte en moi, si proches, qu'ils sont ma peau, mon corps, mon âme.

Je dialogue avec eux tous.

Ils vivent encore par moi, et je vis avec eux, par eux.

Demain, mes enfants agiront de même avec moi.

Il n'y a de victoire de la mort qu'à l'instant où toute vie s'arrête.

Ou bien tu maîtrises ta vie et tu t'ouvres aux autres, à tes racines, au souvenir des tiens, dans un dialogue permanent, et tu crées des œuvres, des enfants, et ta mort n'est plus ta disparition, mais une transformation de ton être, et tu restes présent.

Ou bien ta vie est désordre, égoïsme, violence, et tu ne laisses rien, et ta mort, alors, ferme ton histoire. Et tu ne survis parmi les hommes que comme un élément ayant contribué au désordre, à favoriser la victoire de la mort totale.

Mais je suis optimiste. La mort ne gagnera pas.

Certains ont eu la vision précise de cette permanence de la vie au-delà de la mort.

Blessés gravement, ils sont allés jusqu'à la frontière, au bord de ce grand fleuve dont les Grecs disaient qu'il était la limite entre la vie et la mort.

Ceux qui ont fait cette expérience des extrêmes, et qu'un sursaut de vie a ramenés sur notre rivage, ont eu la sensation exaltante et apaisante de se trouver entourés de millions d'autres humains, fraternels et pleins de compassion, consolateurs, généreux. Ils leur annonçaient que la mort était bien le retour à une autre vie : une fusion des âmes entre elles, rassemblant les êtres de tous les temps comme les cellules d'un immense corps unique, entraîné par un même mouvement. Chaque homme, mort ou vivant, était un élément inséparable de cet ensemble.

À en croire ces spectateurs de l'au-delà, le passage de la vie à la mort n'est qu'un changement d'état. On reste, après la mort, une partie de ce corps immense, de cette histoire et de ce mouvement de la vie, de ce mystère qui nous fait vivant, conscient, et nous impose le devoir de respecter en nous-mêmes et chez les autres le sacré de la vie.

Je crois cela, je sens cela.

Réfléchis-y.

Tâche d'acquérir ce sentiment d'être un élément unique d'un très vaste ensemble, une parcelle vivante de la totalité vivante, une pensée dans le sein d'une immense pensée qui nous englobe tous et toutes, et transmet son énergie à l'ensemble des choses et des êtres.

TU AS LE DEVOIR DE DONNER À TA VIE LE PLUS D'ÉLAN, LE PLUS D'ÉNERGIE, LE PLUS DE FORCE POSSIBLES, pour que l'ensemble humain dont tu fais partie, notre monde, soit enrichi par ton œuvre.

Je ne comprends pas, je te le dis, ceux qui prétendent que la vie se clôt avec la mort, qu'à la fin, c'est la mort qui gagne.

Comment peuvent-ils imaginer que l'amour d'une mère pour son enfant ne soit pas prolongé au-delà de la mort de la mère, ne vive pas dans le cœur de l'enfant devenu homme ?

Comment ne sentent-ils pas que cet amour se retrouve dans l'univers, qu'il rejoint les autres sentiments d'amour et d'humanité, pour former avec eux une grande énergie positive survivant à la mort ?

TU DOIS TE SENTIR PARTIE DE CETTE ÉTERNITÉ DE L'AMOUR.

Tu dois te sentir élément de ce grand corps de l'univers, et de cette âme immense qui l'anime.

À toi de choisir le visage que tu donnes à cette vie sublime, qui nous fait, malgré notre mort prévue, des parcelles d'éternité, cette éternité où nous retrouvons ceux qui nous ont précédés et où nous demeurons présents aux vivants tant qu'ils ont une mémoire, tant qu'ils restent des hommes humains.

Tu peux croire en Dieu, ou bien seulement à la longue lignée des hommes.

Mais quel que soit le visage que tu vois à cette mystérieuse et fabuleuse histoire, celle des hommes et celle de ta vie, tu peux prier.

PRIE POUR MÊLER TON MURMURE À CELUI DE TOUS CEUX QUI T'ONT PRÉCÉDÉ.

PRIE POUR QU'UNE PAROLE D'AMOUR ET DE CONSOLATION AILLE S'AJOUTER À TOUTES CELLES QUI ONT ÉTÉ ET SERONT PRONONCÉES.

Prie pour affirmer le sacré de la vie, l'élan vers les autres, et le respect du monde que tu éprouves.

PRIE POUR FAIRE ENTENDRE TA VOIX UNIQUE DANS LE GRAND CHANT DU MONDE.

Annexe

La démarche Futur

Plusieurs millions de jeunes âgés de dix-huit à vingt-cinq ans forment la relève immédiate de notre société. Ils font ouvertement état de leur insatisfaction. Ils remettent notammment en cause les dispositifs d'information et d'orientation qui leur sont proposés. Par manque de repères, de références, beaucoup connaissent des difficultés à prendre en main et à déterminer leur avenir avec l'énergie nécessaire. Or ils veulent être reconnus en qualité d'acteurs de l'évolution de notre société.

De multiples actions sont menées par un grand nombre d'organisations et d'opérateurs, mais les approches restent catégorielles ou sectorielles et leur harmonisation malaisée. Les résultats sont souvent décevants. Le malaise demeure.

Ce constat met en évidence la nécessité d'entreprendre une démarche complémentaire, globale, fédératrice et proche des jeunes.

Ainsi, en réponse à l'attente de millions d'entre eux, Martin Gray lance Futur, une démarche humaniste visant, concrètement et directement, à les aider à se préparer à être les acteurs responsables de demain.

En se rapprochant des opérateurs qui interviennent déjà en faveur des jeunes, cette démarche tend à harmoniser les efforts et à servir d'intermédiaire dans le cadre de l'action des institutions, des collectivités et des entreprises.

Futur se fixe trois objectifs en faveur des 18-25 ans :

– informer et proposer des moyens d'expression ;

– échanger et transmettre les attentes ;

– engager, promouvoir et encourager l'action.

Futur se positionne comme un partenaire polyvalent :

– émetteur et transmetteur d'informations ;

– intermédiaire favorisant les relations des jeunes avec l'ensemble des intervenants de leur environnement ;

– fédérateur des efforts engagés par les partenaires, les pouvoirs publics, les institutions, les collectivités, les entreprises, les associations ;

– initiateur et promoteur de recherches, de réflexions et d'actions.

Des activités évolutives et complémentaires :

Informer :	rechercher, sélectionner, mettre à disposition et diffuser des informations utiles. Accueillir, conseiller, renseigner.
Communiquer :	sensibiliser et rapprocher les interlocuteurs concernés pour encourager l'action commune et faire naître des synergies.
Agir :	placer les jeunes en position de responsables et favoriser la concrétisation des projets, inciter à la réalisation d'actions, de services ou de produits nouveaux.
Adapter :	anticiper les évolutions, répondre rapidement aux besoins, fixer les priorités, moduler le programme de développement.

Organisation

Futur est organisé autour de deux structures :

Une association loi de 1901, pôle européen d'échange et de réflexion sur les différents domaines de la connaissance (Sciences humaines et Société, Sciences et Techniques, Art et Culture), chargée de :

- développer les échanges entre les spécialistes et les jeunes ;
- promouvoir des travaux de recherche ;
- mettre en œuvre des actions spécifiques.

Une société de moyens, à but non lucratif, chargée de :

- fixer le programme de développement ;
- concevoir, mettre en œuvre et coordonner les différentes activités ;
- animer le réseau des clubs locaux et antennes ;
- entretenir et actualiser la banque d'informations ;
- centraliser les informations pour la constitution de la base de données.

Modes d'intervention

Futur a pour vocation d'agir au plan national et, selon le cas, européen. Ses implantations locales, au niveau des villes, des départements ou des régions, lui permettent de développer des relations directes avec les 18-25 ans améliorant ainsi constamment la connaissance des attentes et la qualité des services apportés.

Futur met en œuvre un dispositif d'animation et des supports appropriés aux besoins, spécialisés ou généraux, locaux ou nationaux.

Moyens

Futur dispose d'un large éventail d'instruments :

- Réseau d'implantations : Arche du Tanneron, 30 clubs, 250 antennes.

– Supports d'information :
  – banque d'informations (documentation et conseils) ;
  – base de données (connaissance des attentes) ;
  – serveur minitel (interactif).
– Supports de communication :
  – magazine mensuel et news ;
  –émissions télévisées ;
  – serveur minitel.
– Actions d'animation :
  – accueil, conseil, information ;
  – réalisation et promotion de projets ;
  – opérations régionales ou locales ;
  – colloques et débats organisés par l'association ;
  – festival de Tanneron et opérations nationales.

Financement

La logique économique de Futur repose sur une autonomie financière basée principalement sur un échange de prestations avec des partenaires de la vie économique et sociale. Sont ainsi associées à la démarche des entreprises, des collectivités et des institutions dont l'activité principale recouvre un ou plusieurs des domaines d'intervention de Futur.

Vous partagez nos préoccupations,
vous ne voulez pas rester immobiles,
vous pouvez encourager notre démarche.

Futur souhaite bénéficier de votre aide,
renseignez-vous, écrivez-nous :

FUTUR
L'Arche du Futur
83440 Tanneron France

TABLE DES MATIÈRES

DEUXIÈME PARTIE

Vise une cible lointaine
et la flèche frappera sûrement
la cible qui est plus proche.

TROISIÈME PARTIE

Si tu veux diriger la flèche,
ne pense pas seulement à la corde de l'arc,
mais aussi au vent.

QUATRIÈME PARTIE

« Si tu veux viser juste,
regarde, au-delà de la cible, l'horizon. »

imprimerie gagné ltée

IMPRIMÉ AU CANADA